U0862840

河南省公路工程
交通机电工程量清单计量规则

主编单位：河南省交通建设技术中心
参编单位：郑州市交通规划勘察设计研究院
批准部门：河南省交通运输厅
实施日期：2023 年 5 月 1 日

人民交通出版社股份有限公司
北　京

图书在版编目(CIP)数据

河南省公路工程交通机电工程量清单计量规则/河南省交通建设技术中心主编.—北京:人民交通出版社股份有限公司,2023.5

ISBN 978-7-114-18728-5

Ⅰ.①河… Ⅱ.①河… Ⅲ.①道路工程—机电工程—工程造价—河南 Ⅳ.①U415.13

中国国家版本馆 CIP 数据核字(2023)第 062374 号

Henan Sheng Gonglu Gongcheng Jiaotong Jidian Gongchengliang Qingdan Jiliang Guize

标准名称: **河南省公路工程交通机电工程量清单计量规则**

著 作 者: 河南省交通建设技术中心

责任编辑: 陈力维

责任校对: 赵媛媛 魏佳宁

责任印制: 张 凯

出版发行: 人民交通出版社股份有限公司

地 址: (100011)北京市朝阳区安定门外外馆斜街 3 号

网 址: http://www.ccpcl.com.cn

销售电话: (010)59757973

总 经 销: 人民交通出版社股份有限公司发行部

经 销: 各地新华书店

印 刷: 北京建宏印刷有限公司

开 本: 880×1230 1/16

印 张: 6

字 数: 128 千

版 次: 2023 年 5 月 第 1 版

印 次: 2023 年 5 月 第 1 次印刷

书 号: ISBN 978-7-114-18728-5

定 价: 50.00 元

(有印刷、装订质量问题的图书,由本公司负责调换)

河南省交通运输厅
关于发布《河南省公路工程交通机电工程量清单计量规则》的通知

豫交文〔2023〕18 号

各省辖市、济源示范区交通运输局，航空港区交通运输主管部门，各县（市）交通运输局，各有关单位：

现发布《河南省公路工程交通机电工程量清单计量规则》，自 2023 年 5 月 1 日起施行。本计量规则与《公路工程标准施工招标文件》（2018 年版）配套使用，由河南省交通建设技术中心负责解释。

河南省交通运输厅

2023 年 3 月 21 日

《河南省公路工程交通机电工程量清单计量规则》编委会

主　　任：宋华东
副 主 任：李　强
委　　员：李锦洋　杨朝晖　李明杰　张　军　郭　琦　梁永兵
刘巧杨　赵圆圆

主编单位：河南省交通建设技术中心
参编单位：郑州市交通规划勘察设计研究院

主　　编：徐　健
副 主 编：杨智勇　王森岭
参编人员：刘智伟　薛玉琴　甘　露　余　乐　张利鹏　任延凯
徐晓磊　陈　斌　侯文霞　计　芸　侯铁钢　于　乐
王丽英　袁卫锁　辛贝贝　宋树艳　郭昊菲　高　磊
张相涛　张永刚　操一方

审查专家：胡仁东　尚　刚　吕培建　赵丽敏　张兴建　卫亚洲
李宏郑

前　言

根据河南省公路机电工程建设发展需要，在2013年发布的《河南省公路机电工程工程量清单计量计价规范》(试行)(豫交文〔2013〕271号)基础上，结合《公路工程标准施工招标文件》(2018年版)(交通运输部公告2017年第51号)，我们组织编写了《河南省公路工程交通机电工程量清单计量规则》(以下简称《计量规则》)。本《计量规则》总结了2014年以来河南省公路机电工程工程量清单计量计价实践经验并增加了新的内容，是对现行《公路工程标准施工招标文件》(2018年版)中工程量清单计量规则的补充和完善。

本《计量规则》由主编单位河南省交通建设技术中心负责解释，如在使用过程中遇到问题，请及时与主编单位联系(地址：郑州市郑东新区金水东路26号；邮编：450016)，以便及时修订。

河南省交通建设技术中心

2023年3月

目　录

一、说　　明

1.《河南省公路工程交通机电工程量清单计量规则》(以下简称《计量规则》)结合河南省公路机电工程设计文件批复范围、施工招标特点和管理需要而编制，是对《公路工程标准施工招标文件》(2018年版)的补充，须与《公路工程标准施工招标文件》(2018年版)配套使用，适用于河南省公路新建与改扩建工程。

2.《计量规则》在《公路工程标准施工招标文件》(2018年版)的基础上补充了第800章监控系统，第900章收费系统，第1000章通信系统，第1100章供配电系统，第1200章照明系统和第1300章通风、消防系统，共6章。《公路工程标准施工招标文件》(2018年版)第八章“工程量清单计量规则”中510-2-a供水钢管、510-2-c集水池、607通信和电力管道与预埋(预留)基础、608-1收费亭、608-3收费岛、608-5预埋管线、608-6架设管线，按《计量规则》相关调整内容执行。

3. 子目的计量与计价，应与国家或行业发布的有关标准、规范及合同条款、技术规范、图纸同时阅读理解。

4. 工程量清单中各项要素，按下列规定执行。

(1)子目号分别按子目所在章、节、目和子目四级编写，子目名称以工程或费用名称命名，如有缺项，可进行补充。

(2)项目特征是确定一个清单子目综合单价不可缺少的重要依据，为达到规范、简洁、准确和全面地描述项目特征的要求，在描述工程量清单项目特征时应按以下原则进行：

①项目特征描述的内容应结合拟建工程实际，满足确定单价的需要。

②若采用标准图集或施工图纸能够全部或部分满足项目特征的要求，项目特征可直接采用详见××图集或××图号的方式。对不能满足项目特征要求的部分，仍应用文字描述。

(3)计量单位采用基本单位，除各章另有特殊规定外，均按以下单位计量：

以体积计算的子目——m^3；

以面积计算的子目——m^3；

以质量计算的子目——kg；

以长度计算的子目——m；

以自然体计算的子目——个、台、套、块……

没有具体数量的子目——总额。

(4)除另有说明外，清单子目工程量均按设计图示，以经监理人验收合格的工程实体的净值计算。除监理人另有批准外，凡超过图纸所示的面积或体积，均不予计量与支付。按合同提供的材料数量和完成的工程数量所采用的测量与计算方法，应符合相关规范及设计的规定。

(5)工程内容是指为完成该子目的主要工作，凡工程内容中未列的其他相关工作为该子目的附属工作，应按照各子目对应的招标文件(施工合同)技术规范章节有关规定或设计图纸综合考虑在单价中。

5. 材料和设备的一般施工要求、材料和设备取样与一般性试验、维护费、成品保护费和材料及半成品采购保管和损耗、场内二次转运均不作计量，其所涉及的作业应包含在与其相关的工程子目之中，不另行计量。

6. 所有必需的模板、脚手架、装备、机具、螺栓、垫圈等其他材料，应包含在所列的有关支付子目中，不另行计量；成套设备所包含的配件、附件和内部连接线缆及相关作业，不另行计量。

7. 河南省公路机电养护工程可参照执行。

二、计 量 规 则

第 800 章　监控系统

子目号	子目名称	项目特征	单位	工程量计量	工程内容
801	监控分中心(所)设备				
801-1	服务器				
-a	流媒体服务器		台	依据图纸所示,分不同参数以台为单位计量	1. 按配置要求提交全套设备(含正版操作系统软件)和技术手册; 2. 设备安装(含配件、辅材及附属线缆),软件安装,设备调试; 3. 维护
-b	视频管理服务器		台		
-c	授时服务器		台		
-d	数据库服务器		台		
-e	大数据处理服务器		台		
-f	高精度地图处理服务器		台		
-g	前置服务器		台		
-h	Web 服务器		台		
-i	视频分析服务器		台		
-j	备份服务一体机		台	依据图纸所示,分不同参数以台为单位计量	1. 按配置要求提交全套设备(含正版操作系统软件、备份软件、授权)和技术手册; 2. 设备安装(含配件、辅材及附属线缆),软件安装,设备调试; 3. 维护
801-2	数据存储				
-a	IP-SAN		套	依据图纸所示,分不同储存容量以套为单位计量	1. 按配置要求提交全套设备和技术手册; 2. 设备安装(含配件、辅材及附属线缆),设备调试; 3. 维护
-b	FC-SAN		套		
-c	硬盘		块	依据图纸所示,分不同储存容量以块为单位计量	1. 按配置要求提交全套设备和技术手册; 2. 设备安装(含配件、辅材),设备调试; 3. 维护
801-3	计算机				
-a	交通监控计算机		台	依据图纸所示,分不同参数以台为单位计量	1. 按配置要求提交全套设备(含正版操作系统软件)和技术手册; 2. 设备安装(含配件、辅材及附属线缆),软件安装,设备调试; 3. 维护
-b	通信控制计算机		台		
-c	图像管理计算机		台		
-d	情报板管理计算机		台		
-e	视频事件检测计算机		台		

续上表

子目号	子 目 名 称	项目特征	单位	工程量计量	工 程 内 容
-f	图形计算机		台	依据图纸所示，分不同参数以台为单位计量	1. 按配置要求提交全套设备（含正版操作系统软件）和技术手册； 2. 设备安装（含配件、辅材及附属线缆），软件安装，设备调试； 3. 维护
-g	前置计算机		台		
-h	网络安全计算机		台		
-i	隧道火灾检测计算机		台		
-j	隧道通风照明计算机		台		
-k	隧道图像管理计算机		台		
-l	便携式计算机		台		
-m	KVM 切换器		台	依据图纸所示，以台为单位计量	1. 按配置要求提交全套设备和技术手册； 2. 设备安装（含配件、辅材），设备调试； 3. 维护
801-4	电话与广播				
-a	紧急电话主控机		台	依据图纸所示，以台为单位计量	1. 按配置要求提交全套设备（含软件）和技术手册； 2. 设备安装（含配件、辅材及附属线缆），软件安装，设备调试； 3. 维护
-b	电话与广播控制台		台		
-c	对讲广播话机		台		
-d	功率放大器		台		
-e	语音网关		台		
801-5	打印机、扫描仪				
-a	彩色激光打印机 A3 幅面		台	依据图纸图示，分不同类型以台为单位计量	1. 按配置要求提交全套设备和技术手册； 2. 设备安装（含配件、辅材及附属线缆），设备调试； 3. 维护
-b	彩色激光打印机 A4 幅面		台		
-c	黑白激光打印机 A3 幅面		台		
-d	黑白激光打印机 A4 幅面		台		
-e	多功能打印机		台		
-f	扫描仪 A3 幅面		台		
801-6	交换机				
-a	三层以太网交换机 24 口		台	依据图纸图示，分不同参数以台为单位计量	1. 按配置要求提交全套设备和技术手册； 2. 设备安装（含配件、辅材及附属线缆），设备调试； 3. 维护
-b	三层以太网交换机 32 口		台		
-c	三层以太网交换机 48 口		台		
801-7	监视器				
-a	监视器墙机架		套	依据图纸所示，分不同规格以套为单位计量	1. 根据现场情况制作； 2. 安装（含辅材）、调整； 3. 维护
-b	26″液晶监视器		台	依据图纸所示，分不同规格以台为单位计量	1. 按配置要求提交设备和技术手册； 2. 设备安装（含配件、辅材及附属线缆），设备调试； 3. 维护
-c	32″液晶监视器		台		
-d	40″液晶监视器		台		

续上表

子目号	子目名称	项目特征	单位	工程量计量	工程内容
801-8	拼接屏				
-a	小间距LED拼接屏				
-a-1	拼接控制器(含软件)		套	依据图纸所示,以套为单位计量	1. 按配置要求提交全套设备和技术手册; 2. 支架、机柜制作安装; 3. 设备安装(含配件、辅材及附属线缆等),软件安装,设备调试; 4. 维护
-a-2	小间距LED拼接屏		m^2	依据图纸所示,分不同像素间距按显示面积,以平方米为单位计量	
-a-3	同步发送盒		台	依据图纸所示,以台为单位计量	
-b	液晶拼接屏				
-b-1	拼接控制器(含软件)		套	依据图纸所示,分不同规格以套(块)为单位计量	1. 按配置要求提交全套设备和技术手册; 2. 支架、机柜制作安装; 3. 设备安装(含配件、辅材及附属线缆等),软件安装,设备调试; 4. 维护
-b-2	46″液晶拼接屏		块		
-b-3	55″液晶拼接屏		块		
-b-4	60″液晶拼接屏		块		
801-9	LED条屏				
-a	单色		m^2	依据图纸所示,分不同像素间距按显示面积,以平方米为单位计量	1. 按配置要求提交全套设备和技术手册; 2. 支架制作安装; 3. 设备安装(含配件、辅材及附属线缆等),设备调试; 4. 维护
-b	双基色		m^2		
801-10	视频录像机		台	依据图纸所示,分不同参数以台为单位计量	1. 按配置要求提交全套设备和技术手册; 2. 设备安装(含配件、辅材及附属线缆),设备调试; 3. 维护
801-11	视频编解码器		台	依据图纸所示,分不同参数以台为单位计量	1. 按配置要求提交全套设备和技术手册; 2. 设备安装(含配件、辅材及附属线缆),设备调试; 3. 维护
801-12	视频上云网关				
-a	100路		套	依据图纸所示,分不同参数以套为单位计量	1. 按配置要求提交全套设备和技术手册; 2. 设备安装(含配件、辅材及附属线缆),设备调试; 3. 维护
-b	200路		套		
-c	300路		套		

续上表

子目号	子目名称	项目特征	单位	工程量计量	工程内容
801-13	网络安全				
-a	防火墙		套	依据图纸所示，以套为单位计量	1. 按配置要求提交全套设备和技术手册； 2. 设备安装（含配件、辅材及附属线缆），软件安装，设备调试； 3. 维护
-b	安全接入网关		套		
-c	网络行为安全审计		套		
-d	数据库安全审计		套		
-e	运维安全审计		套		
-f	日志采集与审计		套		
-g	虚拟化安全管理		套		
-h	网管软件		套		
-i	杀毒软件		套		
-j	检测软件		套		
801-14	综合控制台（含桌椅）				
-a	定制10个工位		套	依据图纸所示，分不同规格以套为单位计量	1. 按配置要求提交全套设备及技术手册； 2. 设备安装（含配件、辅材及附属线缆），设备调试； 3. 维护
-b	定制12个工位		套		
-c	定制13个工位		套		
801-15	DVD光盘刻录机		台	依据图纸所示，以台为单位计量	1. 按配置要求提交全套设备及技术手册； 2. 设备安装（含配件、辅材及附属线缆），设备调试； 3. 维护
801-16	网络控制键盘		台		
801-17	三维地图展示客户机		台	依据图纸所示，以台为单位计量	1. 按配置要求提交全套设备和技术手册； 2. 设备安装（含配件、辅材及附属线缆），设备调试； 3. 维护
801-18	路由器		个	依据图纸所示，以个为单位计量	1. 按配置要求提交全套设备和技术手册； 2. 设备安装（含配件、辅材及附属线缆），设备调试； 3. 维护
802	监控分中心（所）附属设施				
802-1	交流不间断电源（UPS）				
-a	三相UPS 20kVA		台	依据图纸所示，分不同容量以台为单位计量	1. 按配置要求提交全套设备（含配电屏）和技术手册； 2. 设备安装（含配件、辅材及附属线缆），设备调试； 3. 维护
-b	三相UPS 30kVA		台		
-c	三相UPS 50kVA		台		
802-2	交流稳压器				

续上表

子目号	子目名称	项目特征	单位	工程量计量	工程内容
-a	交流稳压器10kVA		台	依据图纸所示，分不同容量以台为单位计量	1.按配置要求提交全套设备和技术手册； 2.设备安装（含配件、辅材及附属线缆），设备调试； 3.维护
-b	交流稳压器20kVA		台		
-c	交流稳压器30kVA		台		
802-3	配电箱				
-a	挂式配电箱		台	依据图纸所示，分不同类型以台为单位计量	1.按配置要求提交全套设备和技术手册； 2.设备安装（含配件、辅材及附属线缆），测试； 3.维护
-b	智能配电箱		台		
802-4	19″标准机柜		台	依据图纸所示，以台为单位计量	1.按配置要求提交全套设备和技术手册； 2.设备安装（含配件、辅材及附属线缆）； 3.维护
802-5	门禁系统		套	依据图纸所示，以套为单位计量	1.按配置要求提交全套设备和技术手册； 2.设备安装（含配件、辅材及附属线缆），设备调试； 3.维护
802-6	防静电地板		m^2	依据图纸所示，以平方米为单位计量	1.清理基层； 2.固定支架制作安装； 3.活动面层安装
802-7	室内摄像机		套	依据图纸所示，分不同参数以套为单位计量	1.按配置要求提交全套设备和技术手册； 2.设备安装（含支架、配件、辅材及附属线缆等），设备调试； 3.维护
803	软件				
803-1	数据库软件				
-a	MSSQLServer		套	依据图纸所示，分不同版本以套为单位计量	1.按要求提供正版软件； 2.安装、调试； 3.维护
-b	MySQL		套		
803-2	管理软件				
-a	监控系统应用软件		套	依据图纸所示，分不同应用软件功能以套为单位计量	1.软件开发工具准备； 2.应用软件设计、开发和提交（含必要的源程序、源代码等）； 3.安装并通过有运营单位、设计单位参加的专项测试； 4.提供软件操作技术手册； 5.维护
-b	交通地理信息软件		套		
-c	公众信息服务软件		套		
-d	综合管控平台软件		套		
-e	智慧公路平台软件		套		

续上表

子目号	子 目 名 称	项目特征	单位	工程量计量	工 程 内 容
804	沿线外场设备				
804-1	信息感知				
-a	车辆检测器				
-a-1	环形线圈车辆检测器		套	依据图纸所示，以套为单位计量	1. 线圈埋设； 2. 设备安装（含配套机箱、附属线缆及基础、防水处理等），设备调试； 3. 维护
-a-2	单雷达微波车辆检测器		套	依据图纸所示，以套为单位计量	1. 按配置要求提交全套设备和技术手册； 2. 立柱或支架、配套机箱等制作安装； 3. 设备安装（含配件、辅材及附属线缆、接地引下线、避雷针等），设备调试； 4. 维护
-a-3	双雷达微波车辆检测器		套		
-a-4	视频车辆检测器		套		
-b	环境检测设备				
-b-1	全要素气象检测器		套	依据图纸所示，以套（个、座）为单位计量	1. 按配置要求提交全套设备（含数据采集器）和技术手册； 2. 立柱或支架、配套机箱等制作安装； 3. 设备安装（含配件、辅材及附属线缆、接地引下线、避雷针等），设备调试； 4. 维护
-b-2	能见度检测器		套		
-b-3	路面状况检测器		套		
-b-4	风速风向检测仪		套		
-b-5	遥感式积雪凝冰监测传感器		个		
-b-6	综合交通气象站		座		
-c	雾天智能诱导				
-c-1	智能诱导装置		套	依据图纸所示，以套为单位计量	1. 按配置要求提交全套设备和技术手册； 2. 抱箍、底座等制作安装； 3. 设备安装（含机箱、辅材及附属线缆、接地引下线等），设备调试； 4. 维护
-c-2	区域（现场）控制器		套	依据图纸所示，以套为单位计量	1. 按配置要求提交全套设备（含软件）和技术手册； 2. 抱箍、底座等制作安装； 3. 设备安装（含配套机箱、辅材及附属线缆、接地引下线等），软件安装，设备调试； 4. 维护
-c-3	手动控制器		套	依据图纸所示，以套为单位计量	1. 按配置要求提交全套设备和技术手册； 2. 设备安装（含配套机箱、辅材及附属线缆等），设备调试； 3. 维护

续上表

子目号	子目名称	项目特征	单位	工程量计量	工程内容
804-2	信息采集				
-a	室外固定枪式摄像机		套	依据图纸所示，分不同像素、焦距、感光度等参数及立柱（支架）形式，以套为单位计量	1. 按配置要求提交全套设备和技术手册； 2. 立柱或支架、配套机箱等制作安装； 3. 设备安装（含配件、辅材及附属线缆、接地引下线、避雷针等），设备调试； 4. 维护
-b	室外云台枪式摄像机		套		
-c	室外球形摄像机		套		
-d	室外全景摄像机		套		
-e	移动式采集设备				
-e-1	智能手持终端		套	依据图纸所示，以套为单位计量	1. 按配置要求提交全套设备（含软件）和技术手册； 2. 安装软件、设备调试； 3. 维护
-e-2	移动布控摄像机		套	依据图纸所示，分不同参数以套为单位计量	1. 按配置要求提交全套设备和技术手册； 2. 设备安装（含配件、辅材及附属线缆），设备调试； 3. 维护
-f	雷达		套	依据图纸所示，以套为单位计量	1. 按配置要求提交全套设备和技术手册； 2. 设备安装（含配件、辅材及附属线缆），设备调试； 3. 维护
-g	无人机		套	依据图纸所示，以套为单位计量	1. 按配置要求提交全套设备（含机库、控制台、电池等）和技术手册； 2. 设备安装（含配件、辅材及附属线缆），设备调试； 3. 维护
804-3	信息发布				
-a	门架式可变信息标志				
-a-1	单向双车道		套	依据图纸所示，分不同参数、版面规格，以套为单位计量	1. 按配置要求提交显示屏、控制器等全套设备和技术手册； 2. 立柱或支架、配套机箱等制作安装； 3. 设备安装（含配件、辅材及附属线缆、接地引下线、避雷针等），设备调试； 4. 维护
-a-2	单向三车道		套		
-a-3	单向四车道		套		

续上表

子目号	子 目 名 称	项目特征	单位	工程量计量	工 程 内 容
-b	双柱式可变信息标志		套	依据图纸所示，分不同参数、版面规格，以套为单位计量	1. 按配置要求提交显示屏、控制器等全套设备和技术手册； 2. 立柱或支架、配套机箱等制作安装； 3. 设备安装（含配件、辅材及附属线缆、接地引下线、避雷针等），设备调试； 4. 维护
-c	悬臂式可变信息标志		套	依据图纸所示，分不同参数、版面规格，以套为单位计量	1. 按配置要求提交显示屏、控制器等全套设备和技术手册； 2. 立柱、配套机箱等制作安装； 3. 设备安装（含配件、辅材及附属线缆、接地引下线、避雷针等），设备调试； 4. 维护
-d	有线广播				
-d-1	扬声器		台	依据图纸所示，以台为单位计量	1. 按配置要求提交全套设备和技术手册； 2. 立柱或支架、配套机箱等制作安装； 3. 设备安装（含配件、辅材及附属线缆、接地引下线、避雷针等），设备调试； 4. 维护
-e	智慧信标		套	依据图纸所示，以套为单位计量	1. 按配置要求提交全套设备和技术手册； 2. 设备安装（含配件、辅材及附属线缆），设备调试； 3. 维护
804-4	信息传输				
-a	交换机				
-a-1	工业以太网交换机 2 光 4 电		台	依据图纸所示，分不同参数以台为单位计量	1. 按配置要求提交全套设备和技术手册； 2. 设备安装（含配件、辅材及附属线缆），设备调试； 3. 维护
-a-2	工业以太网交换机 2 光 8 电		台		
-b	光纤收发器		对	依据图纸所示，以对为单位计量	1. 按配置要求提交全套设备和技术手册； 2. 设备安装（含配件、辅材及附属线缆），设备调试； 3. 维护

续上表

子目号	子 目 名 称	项目特征	单位	工程量计量	工 程 内 容
-c	RSU 通信基站		座	依据图纸所示，以座为单位计量	1. 按配置要求提交全套设备和技术手册； 2. 立柱或支架、配套机箱等制作安装； 3. 设备安装（含配件、辅材及附属线缆、接地引下线、避雷针等），设备调试； 4. 维护
805	服务区（养护工区）设备				
805-1	红外探测				
-a	红外对射探头		对	依据图纸所示，以对（台、只、套）为单位计量	1. 按配置要求提交全套设备和技术手册； 2. 设备安装（含支架、辅材及附属线缆等），软件安装，设备调试； 3. 维护
-b	对射探头报警主机		台		
-c	室内吸顶式被动红外探测器		只		
-d	红外探测器报警主机		台		
-e	触摸屏		套		
805-2	视频监控、容量监测				
-a	摄像机				
-a-1	场区球形摄像机		套	依据图纸所示，分不同像素、焦距、感光度等参数及立柱（支架）形式，以套为单位计量	1. 按配置要求提交全套设备和技术手册； 2. 立柱或支架、配套机箱等制作安装； 3. 设备安装（含配件、辅材及附属线缆、接地引下线、避雷针等），设备调试； 4. 维护
-a-2	场区全景摄像机		套		
-a-3	通道枪式摄像机		套	依据图纸所示，分不同像素、焦距，以套为单位计量	1. 按配置要求提交全套设备和技术手册； 2. 支架、配套机箱等制作安装； 3. 设备安装（含配件、辅材及附属线缆、接地引下线等），设备调试； 4. 维护
-a-4	室内半球形摄像机		套	依据图纸所示，分不同像素、焦距，以套为单位计量	1. 按配置要求提交全套设备和技术手册； 2. 设备安装（含支架、配件、辅材及附属线缆等），设备调试； 3. 维护

续上表

子目号	子 目 名 称	项目特征	单位	工程量计量	工 程 内 容
-a-5	客流量统计摄像机		套	依据图纸所示，分不同像素、焦距，以套为单位计量	1. 按配置要求提交全套设备和技术手册； 2. 支架、机箱等制作安装； 3. 设备安装（含配件、辅材、附属线缆、接地引下线、避雷针等），设备调试； 4. 维护
-b	卡口抓拍单元				
-b-1	卡口摄像机		套	依据图纸所示，分不同像素、焦距、感光度等参数及立柱（支架）形式，以套为单位计量	1. 按配置要求提交摄像机全套设备和技术手册； 2. 立柱或支架、配套机箱等制作安装； 3. 设备安装（含配件、辅材及附属线缆、接地引下线、避雷针等），设备调试； 4. 维护
-b-2	补光灯		个	依据图纸所示，分不同功能、参数，以个为单位计量	1. 按配置要求提交全套设备和技术手册； 2. 支架制作安装； 3. 设备安装（含附件及附属线缆），设备调试； 4. 维护
-c	视频管理				
-c-1	终端服务器		台	依据图纸所示，以台为单位计量	1. 按配置要求提交全套设备（含正版系统软件）和技术手册； 2. 设备安装（含配件、辅材及附属线缆），软件安装，设备调试； 3. 维护
-c-2	图像管理计算机		台	依据图纸所示，以台为单位计量	1. 按配置要求提交全套设备（含正版操作系统软件）和技术手册； 2. 设备安装（含配件、辅材及附属线缆），软件安装，设备调试； 3. 维护
-c-3	视频编解码器		台	依据图纸所示，分不同参数以台为单位计量	1. 按配置要求提交设备和技术手册； 2. 设备安装（含配件、辅材及附属线缆），设备调试； 3. 维护

续上表

子目号	子目名称	项目特征	单位	工程量计量	工程内容
-c-4	视频录像机		台	依据图纸所示，分不同参数以台为单位计量	1. 按配置要求提交设备和技术手册； 2. 设备安装(含配件、辅材及附属线缆)，设备调试； 3. 维护
-d	场区信息发布屏		套	依据图纸所示，分不同立柱形式、版面规格、像素间距，以套为单位计量	1. 按配置要求提交显示屏、控制器等全套设备和技术手册； 2. 立柱或支架、机箱等制作安装； 3. 设备安装(含配件、辅材及附属线缆、接地引下线等)，设备调试； 4. 维护
-e	液晶拼接屏				
-e-1	拼接控制器(含软件)		套	依据图纸所示，以套为单位计量	1. 按配置要求提交显示屏、控制器等全套设备和技术手册； 2. 支架、机柜制作安装； 3. 设备安装(机柜、辅材、附属线缆等)，设备调试； 4. 维护
-e-2	46″液晶拼接屏		块	依据图纸所示，分不同规格以块为单位计量	
-e-3	55″液晶拼接屏		块		
-e-4	60″液晶拼接屏		块		
-f	液晶监视器		台	依据图纸所示，分不同规格以台为单位计量	1. 按配置要求提交设备(含备件)和技术手册； 2. 设备安装(含配件、辅材及附属线缆)，设备调试； 3. 维护
-g	综合控制台(含桌椅)		套	依据图纸所示，分不同工位或规格以套为单位计量	1. 按配置要求提交控制台全套设备及技术手册； 2. 设备安装(含配件、辅材及附属线缆)，设备调试； 3. 维护
-h	19″标准机柜		台	依据图纸所示，以台为单位计量	1. 按配置要求提交设备及技术手册； 2. 设备安装(含配件、辅材)； 3. 维护
805-3	智能停车诱导				
-a	无线地磁车检器		个	依据图纸所示，以个为单位计量	1. 按配置要求提交全套设备和技术手册； 2. 设备安装(含配套机箱、附属线缆及基础、防水处理等)，设备调试； 3. 维护

续上表

子目号	子目名称	项目特征	单位	工程量计量	工程内容
-b	无线节点控制器		套	依据图纸所示,以套为单位计量	1. 按配置要求提交全套设备和技术手册; 2. 设备安装(含配件、辅材),软件安装,设备调试; 3. 维护
805-4	楼宇智慧附属设施				
-a	智能卫生间管理终端		台	依据图纸所示,以台为单位计量	1. 按配置要求提交全套设备和技术手册; 2. 设备安装(含配件、辅材),软件安装,设备调试; 3. 维护
-b	物联网集中控制器		台		
-c	多媒体评价器		台		
-d	卫生间智能控制器		台		
-e	LED 屏		台	依据图纸所示,分不同规格以台为单位计量	1. 按配置要求提交全套设备和技术手册; 2. 设备安装(含配件、辅材),设备调试; 3. 维护
-f	液晶电视		台		
-g	环境监测一体机		台	依据图纸所示,以台(个)为单位计量	1. 按配置要求提交全套设备和技术手册; 2. 设备安装(含配件、辅材),设备调试; 3. 维护
-h	条形厕位指示灯		个		
-i	无线紧急按钮		个		
-j	声光报警器		个		
-k	智能水表		台		
-l	智能电表		台		
805-5	广播				
-a	数字广播核心主机		套	依据图纸所示,以套为单位计量	1. 按配置要求提交全套设备(含软件)和技术手册; 2. 设备安装(含配件、辅材),软件安装,设备调试; 3. 维护
-b	数字麦克风		个	依据图纸所示,分不同类型以个为单位计量	
-c	数字网络功放		套	依据图纸所示,分不同功率以套为单位计量	1. 按配置要求提交全套设备和技术手册; 2. 设备安装(含配件、辅材),设备调试; 3. 维护
-d	室外扬声器		个	依据图纸所示,分不同功率以个为单位计量	
805-6	Wi-Fi				
-a	Wi-Fi 网络核心主机(含网管软件)		套	依据图纸所示,以套为单位计量	1. 按配置要求提交设备(含软件)和技术手册; 2. 设备安装(含配件、辅材及附属线缆),软件安装,设备调试; 3. 维护
-b	防火墙		套		
-c	无线 AP		套		

续上表

子目号	子目名称	项目特征	单位	工程量计量	工程内容
805-7	数据传输				
-a	交换机				
-a-1	三层以太网交换机		台	依据图纸所示,分不同参数以台为单位计量	1. 按配置要求提交全套设备和技术手册; 2. 设备安装(含配件、辅材及附属线缆),设备调试; 3. 维护
-a-2	二层以太网交换机		台		
-b	光纤收发器		对	依据图纸所示,以对为单位计量	1. 按配置要求提交设备和技术手册; 2. 设备安装(含配件、辅材及附属线缆),设备调试; 3. 维护
806	供电				
806-1	太阳能、风光互补供电				
-a	太阳能板		块	依据图纸所示,分不同规格以块为单位计量	1. 按配置要求提交全套设备和技术手册; 2. 设备安装(含支架、配件、辅材及附属线缆埋设),设备调试; 3. 维护
-b	蓄电池		组	依据图纸所示,分不同容量以组为单位计量	1. 按配置要求提交全套设备和技术手册; 2. 设备安装(含保温箱、监测单元、支架、配件、辅材及附属线缆),设备调试; 3. 维护
-c	光电转换组件		套	依据图纸所示,以套为单位计量	1. 按配置要求提交全套设备和技术手册; 2. 设备安装(含配件、辅材及附属线缆埋设)及与各系统连接,设备调试; 3. 维护
-d	风机		套	依据图纸所示,以套为单位计量	1. 按配置要求提交全套设备和技术手册; 2. 设备安装(含支架、配件、辅材及附属线缆),设备调试; 3. 维护
806-2	分布式供电				
-a	局端机(直流)		套	依据图纸所示,分不同功率以套为单位计量	1. 按配置要求提交全套设备和技术手册; 2. 设备安装(含配件、辅材及附属线缆)及与各系统连接,设备调试; 3. 维护
-b	远端机(直流)		套		
-c	局端机(交流)		套		
-d	远端机(交流)		套		

续上表

子目号	子 目 名 称	项目特征	单位	工程量计量	工 程 内 容
806-3	单相 UPS				
-a	单相 UPS 6kVA		台	依据图纸所示,分不同容量以台为单位计量	1. 按配置要求提交全套设备和技术手册; 2. 设备安装(含配件、辅材及附属线缆)及与各系统连接,设备调试; 3. 维护
-b	单相 UPS 10kVA		台		
-c	单相 UPS 12kVA		台		
806-4	配电箱				
-a	落地式配电箱		台	依据图纸所示,以台为单位计量	1. 按配置要求提交全套设备; 2. 设备安装(含配件、辅材及附属线缆埋设),设备调试; 3. 维护
-b	挂式配电箱		台	依据图纸所示,以台为单位计量	1. 按配置要求提交全套设备; 2. 设备安装(含配件、辅材及附属线缆埋设),设备调试; 3. 箱门制作安装; 4. 维护
807	光电缆				
807-1	直埋电缆敷设				
-a	VV_{22}电缆		m	依据图纸所示,分不同线缆规格、电压等级、截面,以米为单位计量(含预留长度及附加长度)	1. 电缆沟挖填、铺砂、盖保护板(砖)、混凝土保护、标桩埋设; 2. 线缆敷设; 3. 线缆接续和端接(含辅材); 4. 维护
-b	YJV_{22}电缆		m		
-c	VLV_{22}电缆		m		
807-2	管道电缆敷设				
-a	VV 电缆		m	依据图纸所示,分不同线缆规格、电压等级、截面,以米为单位计量(含预留长度及附加长度)	1. 线缆敷设; 2. 线缆接续和端接(含辅材); 3. 维护
-b	VV_{22}电缆		m		
-c	YJV 电缆		m		
-d	YJV_{22}电缆		m		
-e	VLV 电缆		m		
-f	VLV_{22}电缆		m		
807-3	信号电缆		m	依据图纸所示,分不同线缆规格以米为单位计量(含预留长度及附加长度)	1. 线缆敷设; 2. 线缆接续和端接(含辅材); 3. 维护
807-4	控制电缆		m	依据图纸所示,分不同线缆规格以米为单位计量(含预留长度及附加长度)	1. 线缆敷设; 2. 线缆接续和端接(含辅材); 3. 维护

续上表

子目号	子 目 名 称	项目特征	单位	工程量计量	工 程 内 容
807-5	铜芯软导线		m	依据图纸所示,分不同导线规格以米为单位计量(含预留长度及附加长度)	1. 导线敷设; 2. 导线接续和端接(含辅材); 3. 维护
807-6	网线		m	依据图纸所示,分不同网线规格以米为单位计量(含预留长度及附加长度)	1. 网线敷设; 2. 网线接续和端接(含辅材); 3. 维护
807-7	光缆				
-a	尾纤(跳线)		根	依据图纸所示,以根为单位计量	1. 尾纤(跳线)安装; 2. 维护
-b	终端盒		个	依据图纸所示,以个为单位计量	1. 终端盒安装; 2. 维护
-c	光缆		m	依据图纸所示,分不同光缆规格以米为单位计量(含预留长度及附加长度)	1. 光缆敷设; 2. 光缆接续(含辅材); 3. 维护
807-8	预埋管				
-a	预埋镀锌钢管		m	依据图纸所示,分不同孔数、管径、壁厚,以米为单位计量	1. 管沟挖填; 2. 垫层铺筑; 3. 管道制作、敷设(含接续); 4. 管道包封
-b	预埋 PVC 管		m	依据图纸所示,分不同孔数、管径、壁厚,以米为单位计量	1. 管沟挖填; 2. 垫层铺筑; 3. 管道制作、敷设(含接续); 4. 管道包封
807-9	明敷管道		m	依据图纸所示,分不同材质、孔数、管径、壁厚,以米为单位计量	1. 管道制作、敷设(含接续); 2. 管道抱箍或支架制作、安装; 3. 混凝土保护
807-10	非开挖敷设				
-a	顶管		m	依据图纸所示,分不同材质、孔数、管径,以米为单位计量	1. 顶进后座及坑内工作平台搭拆; 2. 顶进设备的安装、拆除; 3. 管道顶进
-b	水平定向钻		m	依据图纸所示,分不同材质、孔数、管径,以米为单位计量	1. 定位、成孔; 2. 设备安装、拆除; 3. 拉管、管道接口、检测
808	隧道外场设备				
808-1	信息感知				
-a	车辆检测				

续上表

子目号	子 目 名 称	项目特征	单位	工程量计量	工 程 内 容
-a-1	车辆检测器		套	依据图纸所示,分不同类型以套为单位计量	1. 按配置要求提交全套设备和技术手册; 2. 立柱或支架、配套机箱等制作安装; 3. 设备安装(含配件、辅材及附属线缆等),设备调试; 4. 维护
-a-2	车温探测器		套		
-a-3	危险品探测器		套		
-b	环境检测				
-b-1	CO/VI 检测器		套	依据图纸所示,分不同类型以套为单位计量	1. 按配置要求提交全套设备和技术手册; 2. 立柱或支架、配套机箱等制作安装; 3. 设备安装(含配件、辅材及附属线缆等),设备调试; 4. 维护
-b-2	风速风向检测器		套		
-b-3	洞内亮度检测器		套	依据图纸所示,分不同类型以套为单位计量	
-b-4	洞外亮度检测器		套		
808-2	信息采集				
-a	洞外云台枪式摄像机		套	依据图纸所示,分不同像素、焦距、感光度等参数及立柱(支架)形式,以套为单位计量	1. 按配置要求提交全套设备和技术手册; 2. 立柱或支架、配套机箱等制作安装; 3. 设备安装(含配件、辅材及附属线缆、接地引下线、避雷针等),设备调试; 4. 维护
-b	洞外固定枪式摄像机		套		
-c	洞外球形摄像机		套		
-d	洞内枪式摄像机		套	依据图纸所示,分不同像素、焦距,以套为单位计量	1. 按配置要求提交全套设备和技术手册; 2. 支架、配套机箱等制作安装; 3. 设备安装(含配件、辅材及附属线缆、接地引下线等),设备调试; 4. 维护
-e	洞内球形摄像机		套		
-f	室内摄像机		套	依据图纸所示,分不同像素、焦距,以套为单位计量	1. 按配置要求提交全套设备和技术手册; 2. 设备安装(含支架、配件、辅材及附属线缆等),设备调试; 3. 维护
808-3	信息发布				
-a	门架式可变信息标志				

续上表

子目号	子 目 名 称	项目特征	单位	工程量计量	工 程 内 容
-a-1	单向双车道		套	依据图纸所示，分不同参数、版面规格，以套为单位计量	1. 按配置要求提交显示屏、控制器等全套设备和技术手册； 2. 立柱、配套机箱等制作安装； 3. 设备安装（含配件、辅材及附属线缆、接地引下线、避雷针等），设备调试； 4. 维护
-a-2	单向三车道		套		
-b	悬臂式可变信息标志		套	依据图纸所示，分不同参数、版面规格，以套为单位计量	1. 按配置要求提交显示屏、控制器等全套设备和技术手册； 2. 立柱、配套机箱等制作安装； 3. 设备安装（含配件、辅材及附属线缆、接地引下线、避雷针等），设备调试； 4. 维护
-c	悬挂式可变信息标志		套	依据图纸所示，分不同参数、版面规格，以套为单位计量	1. 按配置要求提交显示屏、控制器等全套设备和技术手册； 2. 支架、配套机箱等制作安装； 3. 设备安装（含附件、材及附属线缆、接地引下线等），设备调试； 4. 维护
808-4	报警设施				
-a	洞内紧急电话		台	依据图纸所示，以台（个）为单位计量	1. 按配置要求提交全套设备和技术手册； 2. 立柱或支架等制作安装； 3. 设备安装（含机箱、辅材及附属线缆、接地引下线等），设备调试； 4. 维护
-b	洞外紧急电话		台		
-c	声光报警黄闪灯		个		
808-5	紧急呼叫设施				
-a	功率放大器		台	依据图纸所示，以台为单位计量	1. 按配置要求提交全套设备和技术手册； 2. 立柱或支架等制作安装； 3. 设备安装（含辅材及附属线缆），设备调试； 4. 维护
-b	洞外扬声器		台		
-c	洞内扬声器		台		
808-6	电光标志（灯）				
-a	车道控制标志				

续上表

子目号	子 目 名 称	项目特征	单位	工程量计量	工 程 内 容
-a-1	车道控制标志(不带转向标志)		套	依据图纸所示,分不同类型以套为单位计量	1. 按配置要求提交全套设备和技术手册; 2. 设备安装(含支架、附件、附属线缆、接地引下线等),设备调试; 3. 维护
-a-2	车道控制标志(带转向标志)		套	依据图纸所示,分不同类型以套为单位计量	1. 按配置要求提交全套设备和技术手册; 2. 设备安装(含支架、附件、附属线缆、接地引下线等),设备调试; 3. 维护
-b	交通信号灯		套	依据图纸所示,以套为单位计量	1. 按配置要求提交全套设备和技术手册; 2. 立柱、配套机箱等制作安装; 3. 设备安装(含配件、辅材、附属线缆、接地引下线等),设备调试; 4. 维护
-c	电光标志				
-c-1	行人横洞指示标志		套	依据图纸所示,分不同类型以套为单位计量	1. 按配置要求提交全套设备和技术手册; 2. 设备安装(含支架、配件、辅材、附属线缆等),设备调试; 3. 维护
-c-2	行车横洞指示标志		套	依据图纸所示,分不同类型以套为单位计量	1. 按配置要求提交全套设备和技术手册; 2. 设备安装(含支架、配件、辅材、附属线缆等),设备调试; 3. 维护
-c-3	紧急停车带指示标志		套	依据图纸所示,分不同类型以套为单位计量	1. 按配置要求提交全套设备和技术手册; 2. 设备安装(含支架、配件、辅材、附属线缆等),设备调试; 3. 维护
-c-4	紧急电话指示标志		套	依据图纸所示,分不同类型以套为单位计量	1. 按配置要求提交全套设备和技术手册; 2. 设备安装(含支架、配件、辅材、附属线缆等),设备调试; 3. 维护
-c-5	消防设备指示标志		套	依据图纸所示,分不同类型以套为单位计量	1. 按配置要求提交全套设备和技术手册; 2. 设备安装(含支架、配件、辅材、附属线缆等),设备调试; 3. 维护
-c-6	疏散指示标志		套	依据图纸所示,分不同类型以套为单位计量	1. 按配置要求提交全套设备和技术手册; 2. 设备安装(含支架、配件、辅材、附属线缆等),设备调试; 3. 维护
-d	诱导灯及控制器				
-d-1	LED 诱导灯		个	依据图纸所示,以个为单位计量	1. 按配置要求提交全套设备和技术手册; 2. 设备安装(含支架、附件、附属线缆等),设备调试; 3. 维护
-d-2	控制器		个	依据图纸所示,以个为单位计量	1. 按配置要求提交全套设备和技术手册; 2. 设备安装(含支架、附件、附属线缆等),设备调试; 3. 维护
808-7	本地控制设施				
-a	本地主控制器		套	依据图纸所示,分不同参数以套为单位计量	1. 按配置要求提交全套设备(含处理器单元、触摸屏、电源、底板、机柜、柜内辅材等)和技术手册; 2. 设备安装(含配件、辅材、附属线缆),设备调试; 3. 维护
-b	本地控制器		套	依据图纸所示,以套为单位计量	1. 按配置要求提交全套设备(含处理器单元、触摸屏、电源、底板、机柜、柜内辅材等)和技术手册; 2. 设备安装(含配件、辅材、附属线缆),设备调试; 3. 维护
808-8	火灾报警				
-a	火灾报警控制器		台	依据图纸所示,分不同参数以台(套)为单位计量	1. 按配置要求提交全套设备(含软件)和技术手册; 2. 设备安装(含配件、辅材及附属线缆),软件安装,设备调试; 3. 维护
-b	火灾报警综合盘		套	依据图纸所示,分不同参数以台(套)为单位计量	1. 按配置要求提交全套设备(含软件)和技术手册; 2. 设备安装(含配件、辅材及附属线缆),软件安装,设备调试; 3. 维护
-c	感温光纤主机		台	依据图纸所示,分不同参数以台(套)为单位计量	1. 按配置要求提交全套设备(含软件)和技术手册; 2. 设备安装(含配件、辅材及附属线缆),软件安装,设备调试; 3. 维护

续上表

子目号	子 目 名 称	项目特征	单位	工程量计量	工 程 内 容
-d	感温型火灾探测光缆		m	依据图纸所示，以米为单位计量	1. 线缆敷设； 2. 线缆接续和端接(含辅材)； 3. 维护
-e	声光报警器		个	依据图纸所示，以个为单位计量	1. 按配置要求提交全套设备和技术手册； 2. 设备安装(含配件、辅材及附属线缆)，设备调试； 3. 维护
-f	点型光电感烟探测器		个		
-g	点型光电感温探测器		个		
-h	电源转换箱		个	依据图纸所示，以个为单位计量	1. 按配置要求提交全套设备和技术手册； 2. 设备安装(含配件、辅材及附属线缆)，设备调试； 3. 维护
-i	避雷器箱		个		
-j	短路隔离器		个		
-k	19″标准机柜		台	依据图纸所示，以台为单位计量	1. 按配置要求提交设备及技术手册； 2. 设备安装(含配件、辅材)； 3. 维护
-l	线缆支架		kg	依据图纸所示，按支架质量以千克为单位计量	1. 制作； 2. 安装； 3. 防腐除锈
-m	钢绞线		kg	依据图纸所示，按钢绞线质量以千克为单位计量	1. 制作； 2. 安装； 3. 防腐除锈
808-9	数据传输				
-a	交换机				
-a-1	三层以太网交换机		台	依据图纸所示，分不同参数以台为单位计量	1. 按配置要求提交全套设备和技术手册； 2. 设备安装(含配件、辅材及附属线缆)，设备调试； 3. 维护
-a-2	二层以太网交换机		台		
-b	光端机		对	依据图纸所示，分不同参数以对为单位计量	1. 按配置要求提交设备和技术手册； 2. 设备安装(含配件、辅材及附属线缆)，设备调试； 3. 维护
809	隧道供电				
809-1	洞外配电箱		台	依据图纸所示，以台为单位计量	1. 按配置要求提交全套设备和技术手册； 2. 设备安装(含配件、辅材及附属线缆)，设备调试； 3. 维护
809-2	洞内配电箱		台		
809-3	变电所配电箱		台		
810	隧道光电缆				

续上表

<table>
<tr><th>子目号</th><th>子 目 名 称</th><th>项目特征</th><th>单位</th><th>工程量计量</th><th>工 程 内 容</th></tr>
<tr><td>810-1</td><td>直埋电缆敷设</td><td></td><td></td><td></td><td></td></tr>
<tr><td>-a</td><td>VV_{22}电缆</td><td></td><td>m</td><td rowspan="3">依据图纸所示,分不同线缆规格、电压等级、截面,以米为单位计量(含预留长度及附加长度)</td><td rowspan="3">1.电缆沟挖填、铺砂、盖保护板(砖)、混凝土保护、标桩埋设;
2.线缆敷设;
3.线缆接续和端接(含辅材);
4.维护</td></tr>
<tr><td>-b</td><td>YJV_{22}电缆</td><td></td><td>m</td></tr>
<tr><td>-c</td><td>VLV_{22}电缆</td><td></td><td>m</td></tr>
<tr><td>810-2</td><td>支(桥)架敷设电缆</td><td></td><td></td><td></td><td></td></tr>
<tr><td>-a</td><td>ZR-VV 电缆</td><td></td><td>m</td><td rowspan="6">依据图纸所示,分不同线缆规格、电压等级、截面,以米为单位计量(含预留长度及附加长度)</td><td rowspan="6">1.线缆敷设;
2.线缆接续和端接(含辅材);
3.维护</td></tr>
<tr><td>-b</td><td>NH-VV 电缆</td><td></td><td>m</td></tr>
<tr><td>-c</td><td>ZR-VV_{22}电缆</td><td></td><td>m</td></tr>
<tr><td>-d</td><td>NH-VV_{22}电缆</td><td></td><td>m</td></tr>
<tr><td>-e</td><td>ZR-YJV 电缆</td><td></td><td>m</td></tr>
<tr><td>-f</td><td>NH-YJV 电缆</td><td></td><td>m</td></tr>
<tr><td>810-3</td><td>信号电缆</td><td></td><td>m</td><td>依据图纸所示,分不同线缆规格以米为单位计量(含预留长度及附加长度)</td><td>1.线缆敷设;
2.线缆接续和端接(含辅材);
3.维护</td></tr>
<tr><td>810-4</td><td>控制电缆</td><td></td><td>m</td><td>依据图纸所示,分不同线缆规格以米为单位计量(含预留长度及附加长度)</td><td>1.线缆敷设;
2.线缆接续和端接(含辅材);
3.维护</td></tr>
<tr><td>810-5</td><td>铜芯软导线</td><td></td><td>m</td><td>依据图纸所示,分不同导线规格以米为单位计量(含预留长度及附加长度)</td><td>1.导线敷设;
2.导线接续和端接(含辅材);
3.维护</td></tr>
<tr><td>810-6</td><td>网线</td><td></td><td>m</td><td>依据图纸所示,分不同网线规格以米为单位计量(含预留长度及附加长度)</td><td>1.网线敷设;
2.网线接续和端接(含辅材);
3.维护</td></tr>
<tr><td>810-7</td><td>光缆</td><td></td><td></td><td></td><td></td></tr>
<tr><td>-a</td><td>尾纤(跳线)</td><td></td><td>根</td><td>依据图纸所示,以根为单位计量</td><td>1.尾纤(跳线)安装;
2.维护</td></tr>
<tr><td>-b</td><td>终端盒</td><td></td><td>个</td><td>依据图纸所示,以个为单位计量</td><td>1.终端盒安装;
2.维护</td></tr>
<tr><td>-c</td><td>光缆</td><td></td><td>m</td><td>依据图纸所示,分不同光缆规格以米为单位计量(含预留长度及附加长度)</td><td>1.光缆敷设;
2.线缆接续(含辅材);
3.维护</td></tr>
</table>

续上表

子目号	子 目 名 称	项目特征	单位	工程量计量	工 程 内 容
811	基础设施结构监测				
811-1	桥梁健康监测				
-a	应变计		支	依据图纸所示,以支为单位计量	1. 按配置要求提交全套设备和技术手册; 2. 设备安装(含钻孔、附件、附属线缆等),设备调试; 3. 维护
-b	静力水准仪		支	依据图纸所示,以支为单位计量	1. 按配置要求提交全套设备和技术手册; 2. 设备安装(含钻孔、附件、附属线缆等),设备调试; 3. 维护
-c	纵向位移计		支	依据图纸所示,以支为单位计量	1. 按配置要求提交全套设备和技术手册; 2. 设备安装(含钻孔、附件、附属线缆等),设备调试; 3. 维护
-d	横向位移计		支	依据图纸所示,以支为单位计量	1. 按配置要求提交全套设备和技术手册; 2. 设备安装(含钻孔、附件、附属线缆等),设备调试; 3. 维护
-e	伸缩缝位移计		支	依据图纸所示,以支为单位计量	1. 按配置要求提交全套设备和技术手册; 2. 设备安装(含钻孔、附件、附属线缆等),设备调试; 3. 维护
-f	加速度计		支	依据图纸所示,以支为单位计量	1. 按配置要求提交全套设备和技术手册; 2. 设备安装(含钻孔、附件、附属线缆等),设备调试; 3. 维护
-g	光纤光栅解调仪		套	依据图纸所示,以套为单位计量	1. 按配置要求提交全套设备和技术手册; 2. 设备安装(含钻孔、附件、附属线缆等),设备调试; 3. 维护
-h	光电挠度仪		支	依据图纸所示,以支为单位计量	1. 按配置要求提交全套设备和技术手册; 2. 设备安装(含钻孔、附件、附属线缆等),设备调试; 3. 维护

续上表

子目号	子目名称	项目特征	单位	工程量计量	工程内容
-i	北斗基准站		套	依据图纸所示，分不同参数以套为单位计量	1. 按配置要求提交全套设备和技术手册； 2. 立柱或支架、机箱等制作安装； 3. 设备安装（含附件、附属线缆、接地引下线、基础等），设备调试； 4. 维护
-j	北斗高精度监测终端		个	依据图纸所示，以个为单位计量	1. 按配置要求提交设备和技术手册； 2. 设备安装（含配件、辅材及附属线缆）； 3. 维护
-k	光纤收发器		对	依据图纸所示，以对为单位计量	1. 按配置要求提交设备和技术手册； 2. 设备安装（含配件、辅材及附属线缆），设备调试； 3. 维护
-l	工控机		台	依据图纸所示，以台为单位计量	1. 按配置要求提交设备（含正版操作系统软件）和技术手册； 2. 设备安装（含配件、辅材及附属线缆）； 3. 维护
-m	通信模块		个	依据图纸所示，分不同参数以个为单位计量	
-n	动态称重监测设备		套	依据图纸所示，分不同参数以套为单位计量	1. 按配置要求提交全套设备（含软件）和技术手册； 2. 设备安装（含配件、辅材及附属线缆），设备调试； 3. 维护
-o	摄像机		套	依据图纸所示，分不同参数、立柱（支架）形式，以套单位计量	1. 按配置要求提交摄像机全套设备和技术手册； 2. 立柱或支架、机箱等制作安装； 3. 设备安装（含附件、附属线缆、接地引下线、避雷针等），设备调试； 4. 维护
-p	机柜		台	依据图纸所示，以台单位计量	1. 按配置要求提交全套设备和技术手册； 2. 设备安装（含配件、辅材及附属线缆、基础等），设备调试； 3. 维护
811-2	边坡监测				

续上表

子目号	子 目 名 称	项目特征	单位	工程量计量	工 程 内 容
-a	GNSS 观测设备		个	依据图纸所示,分不同参数以个为单位计量	1. 按配置要求提交全套设备和技术手册; 2. 立柱或支架、配套机箱等制作安装; 3. 设备安装(含附件、附属线缆、接地引下线、基础等),设备调试; 4. 维护
-b	测斜仪		个	依据图纸所示,以个为单位计量	1. 按配置要求提交全套设备和技术手册; 2. 设备安装(含附件、附属线缆、钻孔等),设备调试; 3. 维护
-c	雨量计		个		
-d	振弦式裂缝计		个		
-e	振弦式渗压计		个		
-f	土壤水分计		个		
-g	土压力计		个		
-h	摄像机		套	依据图纸所示,分不同参数、立柱(支架)形式,以套为单位计量	1. 按配置要求提交全套设备和技术手册; 2. 立柱或支架、配套机箱等制作安装; 3. 设备安装(含附件、附属线缆、接地引下线、避雷针等),设备调试; 4. 维护
-i	数据采集仪		个	依据图纸所示,以个为单位计量	1. 按配置要求提交设备和技术手册; 2. 设备安装(含配件、辅材及附属线缆); 3. 维护
-j	报警器		个	依据图纸所示,以个为单位计量	1. 按配置要求提交设备和技术手册; 2. 设备安装(含配件、辅材及附属线缆); 3. 维护
-k	交换机		台	依据图纸所示,分不同参数以台为单位计量	1. 按配置要求提交设备和技术手册; 2. 设备安装(含配件、辅材及附属线缆); 3. 维护
812	过电压保护器				
812-1	15～40kA 的过电压保护器		个	依据图纸所示,分不同参数以个为单位计量	1. 保护器安装; 2. 维护
812-2	40～65kA 的过电压保护器		个		
813	防雷、接地				
813-1	防雷保护器				

续上表

子目号	子 目 名 称	项目特征	单位	工程量计量	工 程 内 容
-a	电源防雷		个	依据图纸所示，分不同类型以个为单位计量	1. 按配置要求提交全套设备和技术手册； 2. 设备安装（含附件及附属线缆），设备调试； 3. 维护
-b	数据信号防雷		个		
-c	视频信号防雷		个		
813-2	接地				
-a	接地极				
-a-1	角钢接地极		根	依据图纸所示，分不同接地极类型以根为单位计量	1. 基坑开挖、回填； 2. 敷设（含接续）； 3. 投放降阻剂； 4. 测试
-a-2	钢管接地极		根		
-b	接地扁钢				
-b-1	接地扁钢（40mm×4mm）		m	依据图纸所示，分不同规格以米为单位计量	1. 基坑开挖、回填； 2. 敷设（含接续）
-b-2	接地扁钢（50mm×5mm）		m		
813-3	接地汇流排		个	依据图纸所示，以个为单位计量	1. 接地汇流排敷设； 2. 维护
814	设备基础				
814-1	车辆检测器基础		套	依据图纸所示，分不同基础尺寸、混凝土等级，以套为单位计量	1. 基坑开挖、回填； 2. 垫层铺筑； 3. 现浇混凝土的全部工作（含钢筋及预埋件）
814-2	环境检测设备基础		套		
814-3	摄像机基础		套		
814-4	门架式可变信息标志基础		套		
814-5	双立柱式可变信息标志基础		套		
814-6	悬臂式可变信息标志基础		套		
814-7	路侧有线广播基础		套		
814-8	配电箱基础		套		
814-9	分布式供电远端机基础		套		
814-10	洞外亮度检测器基础		套		
814-11	洞外紧急电话基础		套		
814-12	通行信号灯基础		套		
815	人（手）孔				
815-1	混凝土结构				
-a	人孔		个	依据图纸所示，分不同规格以个为单位计量	1. 基坑开挖、回填； 2. 混凝土浇筑，井盖、盖板安装； 3. 管道、支架、配件预留或预埋
-b	手孔		个		
815-2	砖砌结构				
-a	人孔		个	依据图纸所示，分不同规格以个为单位计量	1. 基坑开挖、回填； 2. 砌体砌筑，混凝土浇筑，井盖、盖板安装； 3. 管道、支架、配件预留或预埋
-b	手孔		个		

续上表

子目号	子 目 名 称	项目特征	单位	工程量计量	工 程 内 容
816	备件、专用工具				
816-1	备件				
-a	室外云台枪式摄像机		台	依据图纸所示，分不同种类以台为单位计量	1. 按配置要求提交备件； 2. 备件更换操作手册
-b	工业以太网交换2光4电		台		
816-2	专用工具		套	依据图纸所示，以套为单位计量	提交专用工具
817	培训				
817-1	技术管理人员		人×周	按招标文件或合同的规定，结合实际工程需要，组织专家对相关人员进行操作、维护等方面培训学习的费用，以人×周计算	1. 培训教材、操作手册及相关资料提供； 2. 专家授课； 3. 组织笔试和现场操作考试； 4. 通过有关单位的认可
817-2	技术操作人员		人×周		
818	系统测试、联合调试及配合试运行费		总额	按招标文件或合同的规定，结合实际工程需要，组织专家及技术人员进行系统测试、联合调试及配合试运行的全部费用，以总额计量	1. 系统测试、联合调试、系统试运行、电缆试验等； 2. 编制并提交测试报告； 3. 提交首次等保测评报告； 4. 通过有关单位的认可
819	设备拆除		总额	依据图纸所示，根据拆除内容以总额为单位计量	1. 拆除设备、整理线缆； 2. 堆放至指定地点
820	现有设施拆除与恢复				
820-1	路面		m^3	依据图纸所示，分不同结构以立方米为单位计量	1. 挖除旧路面、移运至指定地点； 2. 铺筑垫层、基层、面层等全部工作内容
820-2	人(手)孔		个	依据图纸所示，分不同规格、型号，以个为单位计量	1. 拆除、移运至指定地点； 2. 砌体砌筑，混凝土浇筑，井盖、盖板安装； 3. 管道、支架、配件预留或预埋
820-3	绿化		m^2	依据图纸所示，以平方米为单位计量	1. 起挖、植物保护、装卸、运输； 2. 坑（穴）开挖、种植、养护； 3. 场地清理

第900章 收费系统

子目号	子目名称	项目特征	单位	工程量计量	工程内容
901	收费分中心计算机网络设备				
901-1	服务器		台	依据图纸所示，分不同参数、功能，以台为单位计量	1. 按配置要求提交全套设备（含正版操作系统软件）和技术手册； 2. 设备安装（含配件、辅材及附属线缆），软件安装，设备调试； 3. 维护
901-2	数据存储				
-a	IP-SAN		套	依据图纸所示，分不同储存容量以套为单位计量	1. 按配置要求提交全套设备和技术手册； 2. 设备安装（含配件、辅材及附属线缆），设备调试； 3. 维护
-b	FC-SAN		套		
-c	硬盘		块	依据图纸所示，分不同储存容量以块为单位计量	1. 按配置要求提交全套设备和技术手册； 2. 设备安装（含配件、辅材及附属线缆），设备调试； 3. 维护
901-3	计算机				
-a	收费管理计算机		台	依据图纸所示，分不同参数以台为单位计量	1. 按配置要求提交全套设备（含正版操作系统软件）和技术手册； 2. 设备安装（含配件、辅材及附属线缆），软件安装，设备调试； 3. 维护
-b	财务计算机		台		
-c	图形计算机		台		
-d	通行卡管理计算机		台		
-e	ETC 门架监测计算机		台		
-f	ETC 门架管理计算机		台		
901-4	交换机				
-a	三层以太网交换机 24 口		台	依据图纸所示，分不同参数以台为单位计量	1. 按配置要求提交全套设备和技术手册； 2. 设备安装（含配件、辅材及附属线缆），设备调试； 3. 维护
-b	三层以太网交换机 32 口		台		
-c	三层以太网交换机 48 口		台		
901-5	通行卡读写器及点卡机				
-a	读写器		台	依据图纸所示，以台为单位计量	1. 按配置要求提交全套设备和技术手册； 2. 设备安装（含辅材及附属线缆），设备调试； 3. 维护
-b	点卡机		台		
901-6	打印机、扫描仪				

续上表

子目号	子目名称	项目特征	单位	工程量计量	工程内容
-a	彩色激光打印机A3幅面		台	依据图纸图示，分不同类型以台为单位计量	1.按配置要求提交全套设备和技术手册； 2.设备安装（含辅材及附属线缆），设备调试； 3.维护
-b	彩色激光打印机A4幅面		台		
-c	黑白激光打印机A3幅面		台		
-d	黑白激光打印机A4幅面		台		
-e	多功能打印机		台		
-f	扫描仪A3幅面		台		
901-7	DVD光盘刻录机		台	依据图纸所示，以台为单位计量	1.按配置要求提交全套设备和技术手册； 2.设备安装（含辅材及附属线缆）； 3.维护
901-8	19″标准机柜		台		
901-9	网络安全				
-a	防火墙		台	依据图纸所示，以台为单位计量	1.按配置要求提交全套设备和技术手册； 2.设备安装（含辅材及附属线缆），设备调试； 3.维护
-b	VPN		台		
-c	入侵检测		台		
-d	威胁监测探针		台		
-e	日志审计		台		
-f	堡垒机		台		
901-10	路由器		个	依据图纸所示，以个为单位计量	1.按配置要求提交全套设备和技术手册； 2.设备安装（含辅材及附属线缆），设备调试； 3.维护
902	收费分中心IP对讲				
902-1	软交换对讲平台		套	依据图纸所示，以套为单位计量	1.按配置要求提交全套设备（含交换业务板、网络交换板、设备管理板）和技术手册； 2.设备安装（含附件及附属线缆），设备调试； 3.维护
902-2	辅助决策座席		套	依据图纸所示，以套（台）为单位计量	1.按配置要求提交全套设备和技术手册； 2.设备安装（含附件及附属线缆），设备调试； 3.维护
902-3	异地容灾授权		套		
902-4	专用服务器		台		
902-5	集群服务器		台		
902-6	交换机		台		
902-7	语音会议并发授权		项	依据图纸所示，以项为单位计量	按配置要求授权
903	收费站计算机网络设备				
903-1	服务器				

续上表

子目号	子 目 名 称	项目特征	单位	工程量计量	工 程 内 容
-a	ETC 专用服务器		台	依据图纸所示，分不同类型以台为单位计量	1. 按配置要求提交全套设备（含正版操作系统软件）和技术手册； 2. 设备安装（含配件、辅材及附属线缆），软件安装，设备调试； 3. 维护
-b	图像服务器		台		
-c	存储服务器		台		
-d	防病毒服务器		台		
903-2	计算机				
-a	收费管理计算机		台	依据图纸所示，分不同参数以台为单位计量	1. 按配置要求提交全套设备（含正版操作系统软件）和技术手册； 2. 设备安装（含配件、辅材及附属线缆），软件安装，设备调试； 3. 维护
-b	财务管理计算机		台		
-c	通行卡管理计算机		台		
-d	图像管理计算机		台		
-e	在途车辆拟合计算机		台		
-f	数据处理和稽查计算机		台		
-g	ETC 门架管理计算机		台		
903-3	交换机				
-a	三层以太网交换机 24 口		台	依据图纸所示，分不同参数以台为单位计量	1. 按配置要求提交全套设备和技术手册； 2. 设备安装（含辅材及附属线缆），设备调试； 3. 维护
-b	三层以太网交换机 32 口		台		
-c	三层以太网交换机 48 口		台		
903-4	通行卡读写器及点卡机				
-a	读写器		台	依据图纸所示，以台为单位计量	1. 按配置要求提交全套设备和技术手册； 2. 设备安装（含附件及附属线缆），设备调试； 3. 维护
-b	点卡机		台		
903-5	打印机、扫描仪				
-a	彩色激光打印机 A3 幅面		台	依据设计图示，分不同类型以台为单位计量	1. 按配置要求提交全套设备和技术手册； 2. 设备安装（含附件及附属线缆），设备调试； 3. 维护
-b	彩色激光打印机 A4 幅面		台		
-c	黑白激光打印机 A3 幅面		台		
-d	黑白激光打印机 A4 幅面		台		
-e	针式打印机		台		
-f	扫描仪 A3 幅面		台		
903-6	DVD 光盘刻录机		台	依据图纸所示，以台为单位计量	1. 按配置要求提交全套设备和技术手册； 2. 设备安装（含附件及附属线缆）； 3. 维护
903-7	19″标准机柜		台		

续上表

子目号	子 目 名 称	项目特征	单位	工程量计量	工 程 内 容
903-8	操作台(含桌椅)		套	依据图纸所示,分不同规格以套为单位计量	1.按配置要求提交操作台全套设备及技术手册; 2.设备安装(含配件、辅材及附属线缆),设备调试; 3.维护
903-9	计算机桌椅		套	依据图纸所示,分不同规格以套为单位计量	按配置要求提交、安装计算机桌
903-10	综合应用网关(具备VPN、防病毒模块、IPS、防火墙功能)		套	依据图纸所示,以套为单位计量	1.按配置要求提交全套设备和技术手册; 2.设备安装(含附件及附属线缆),设备调试; 3.维护
903-11	验钞机		台	依据图纸所示,以台为单位计量	1.按配置要求提交全套设备和技术手册; 2.设备安装(含附件及附属线缆),设备调试; 3.维护
903-12	保险柜		台		
903-13	北斗定位与授时设备		台		
903-14	公网接入VPN		台		
903-15	网闸		台		
904	收费站IP对讲				
904-1	辅助决策座席		套	依据图纸所示,以套(台)为单位计量	1.按配置要求提交全套设备和技术手册; 2.设备安装(含附件及附属线缆),设备调试; 3.维护
904-2	软交换对讲平台		套		
904-3	专用服务器		台		
904-4	交换机		台	依据图纸所示,分不同参数以台为单位计量	
904-5	亭内对讲终端		台	依据图纸所示,以台(块)为单位计量	1.按配置要求提交全套设备和技术手册; 2.设备安装(含附件及附属线缆),设备调试; 3.维护
904-6	安全报警踏板		块		
904-7	无线手持对讲		台	依据图纸所示,以台为单位计量	1.按配置要求提交全套设备和技术手册; 2.设备调试; 3.维护
904-8	路由器		个	依据图纸所示,以个为单位计量	1.按配置要求提交全套设备和技术手册; 2.设备安装(含辅材及附属线缆),设备调试; 3.维护
904-9	功率放大器		台	依据图纸所示,以台为单位计量	1.按配置要求提交全套设备和技术手册; 2.设备安装(含附件及附属线缆),设备调试; 3.维护
904-10	广频域防水喇叭		台		
904-11	边界会话控制器		台		

续上表

子目号	子 目 名 称	项目特征	单位	工程量计量	工 程 内 容
905	收费站闭路电视监控				
905-1	摄像机				
-a	亭内摄像机		套	依据图纸所示,分不同参数以套为单位计量	1. 按配置要求提交全套设备和技术手册; 2. 设备安装(含附件及附属线缆),设备调试; 3. 维护
-b	广场摄像机		套	依据图纸所示,分不同像素、焦距、感光度等参数及立柱(支架)形式,以套为单位计量	1. 按配置要求提交全套设备和技术手册; 2. 立柱或支架、配套机箱等制作安装; 3. 设备安装(含配件、辅材及附属线缆、接地引下线等),设备调试; 4. 维护
-c	绿色通道摄像机		套	依据图纸所示,分不同像素、焦距、感光度等参数及立柱(支架)形式,以套为单位计量	1. 按配置要求提交全套设备和技术手册; 2. 立柱或支架、配套机箱等制作安装; 3. 设备安装(含配件、辅材及附属线缆、接地引下线等),设备调试; 4. 维护
-d	室内摄像机		套	依据图纸所示,分不同参数以套为单位计量	1. 按配置要求提交全套设备和技术手册; 2. 设备安装(含附件及附属线缆),设备调试; 3. 维护
905-2	拾音器		个	依据图纸所示,以个为单位计量	1. 按配置要求提交全套设备和技术手册; 2. 设备安装(含附件及附属线缆),设备调试; 3. 维护
905-3	视频数据叠加器				
-a	双通道动态视频数字叠加器		台	依据图纸所示,分不同参数以台为单位计量	1. 按配置要求提交全套设备和技术手册; 2. 设备安装(含附件及附属线缆),设备调试; 3. 维护
-b	单通道静态视频数字叠加器		台		
905-4	视频录像机		台	依据图纸所示,分不同参数以台为单位计量	1. 按配置要求提交设备和技术手册; 2. 设备安装(含配件、辅材及附属线缆),设备调试; 3. 维护

续上表

子目号	子 目 名 称	项目特征	单位	工程量计量	工 程 内 容
905-5	监视器				
-a	26″液晶监视器		台	依据图纸所示,分不同规格以台为单位计量	1.按配置要求提交全套设备和技术手册; 2.设备安装(含附件及附属线缆),设备调试; 3.维护
-b	32″液晶监视器		台		
905-6	液晶拼接屏				
-a	拼接控制器(含软件)		套	依据图纸所示,分不同规格以套(块)为单位计量	1.按配置要求提交全套设备和技术手册; 2.支架、机柜制作安装; 3.设备安装(含配件、辅材及附属线缆等),设备调试; 4.维护
-b	46″液晶拼接屏		块		
-c	55″液晶拼接屏		块		
-d	60″液晶拼接屏		块		
905-7	视频编解码器		台	依据图纸所示,分不同参数以台为单位计量	1.按配置要求提交设备和技术手册; 2.设备安装(含配件、辅材及附属线缆),设备调试; 3.维护
905-8	交换机				
-a	二层以太网交换机		台	依据图纸所示,分不同参数以台为单位计量	1.按配置要求提交全套设备和技术手册; 2.设备安装(含附件及附属线缆),设备调试; 3.维护
-b	三层以太网交换机		台		
905-9	光纤收发器		对	依据图纸所示,以对为单位计量	1.按配置要求提交全套设备和技术手册; 2.设备安装(含附件及附属线缆),设备调试; 3.维护
905-10	19″标准机柜		台	依据图纸所示,以台为单位计量	1.按配置要求提交全套设备和技术手册; 2.设备安装(含附件及附属线缆); 3.维护
906	收费站安防				
906-1	红外探测				
-a	红外对射探头		对	依据图纸所示,以对(台、只)为单位计量	1.按配置要求提交全套设备和技术手册; 2.设备安装(含支架、辅材及附属线缆等),设备调试; 3.维护
-b	对射探头报警主机		台		
-c	室内吸顶式被动红外探测器		只		
-d	红外探测器报警主机		台		
906-2	摄像机				

续上表

子目号	子 目 名 称	项目特征	单位	工程量计量	工 程 内 容
-a	枪式摄像机		套	依据图纸所示，分不同像素、焦距，以套为单位计量	1. 按配置要求提交全套设备和技术手册； 2. 支架制作安装； 3. 设备安装（含附件及附属线缆），设备调试； 4. 维护
-b	半球形摄像机		套		
-c	球形摄像机		套		
906-3	液晶监视器				
-a	26″液晶监视器		台	依据图纸所示，分不同规格以台为单位计量	1. 按配置要求提交全套设备和技术手册； 2. 设备安装（含附件及附属线缆），设备调试； 3. 维护
-b	32″液晶监视器		台		
906-4	工作台（含桌椅）		套	依据图纸所示，分不同规格以套为单位计量	按配置要求提交全套设施
906-5	视频录像机		台	依据图纸所示，分不同参数以台为单位计量	1. 按配置要求提交设备和技术手册； 2. 设备安装（含配件、辅材及附属线缆），设备调试； 3. 维护
906-6	交换机				
-a	二层以太网交换机		台	依据图纸所示，分不同参数以台为单位计量	1. 按配置要求提交全套设备和技术手册； 2. 设备安装（含附件及附属线缆），设备调试； 3. 维护
-b	三层以太网交换机		台		
906-7	光纤收发器		对	依据图纸所示，以对为单位计量	
906-8	门禁系统		套	依据图纸所示，以套为单位计量	1. 按配置要求提交全套设备和技术手册； 2. 设备安装（含配件、辅材及附属线缆），设备调试； 3. 维护
907	收费（劝返）车道				
907-1	车道控制				
-a	车道控制机		台	依据图纸所示，分不同参数以台为单位计量	1. 按配置要求提交全套设备（含正版操作系统软件）和技术手册； 2. 设备安装（含附件及附属线缆），设备调试； 3. 维护
-b	收费员键盘		台	依据图纸所示，分不同参数以台为单位计量	1. 按配置要求提交全套设备和技术手册； 2. 设备安装（含附件及附属线缆），设备调试； 3. 维护
-c	显示器		台		
-d	票据打印机		台		

续上表

子目号	子 目 名 称	项目特征	单位	工程量计量	工 程 内 容
-e	环形线圈车辆检测器				
-e-1	单通道		套	依据图纸所示，分不同参数以套为单位计量	1. 按配置要求提交全套设备和技术手册； 2. 设备安装（含附件及附属线缆），设备调试； 3. 维护
-e-2	双通道		套		
-f	自助终端				
-f-1	自助发卡机		台	依据图纸所示，分不同参数以台为单位计量	1. 按配置要求提交全套设备和技术手册； 2. 设备安装（含附件及附属线缆），设备调试； 3. 维护
-f-2	自助缴费机		台		
-g	栏杆				
-g-1	手动栏杆		台	依据图纸所示，分不同栏杆控制方式、功能，以台为单位计量	1. 按配置要求提交全套设备和技术手册； 2. 设备安装（含附件及附属线缆），设备调试； 3. 维护
-g-2	单开高速自动栏杆		台		
-g-3	双开高速自动栏杆		台		
-g-4	三合一自动栏杆		台		
-h	通行卡、读写器				
-h-1	读写器		台	依据图纸所示，以台为单位计量	1. 按配置要求提交全套设备和技术手册； 2. 设备安装（含附件），设备调试； 3. 维护
-h-2	通行卡		张	依据图纸所示，以张为单位计量	提交卡片
-h-3	通行卡箱		个	依据图纸所示，以个为单位计量	提交卡箱
-i	信息显示屏		台	依据图纸所示，分不同参数以台为单位计量	1. 按配置要求提交全套设备和技术手册（含通信信号灯、声光报警器）； 2. 立柱制作、安装，设备安装（含附件及附属线缆），设备调试； 3. 维护
-j	雨棚信号灯		套	依据图纸所示，分不同参数以套为单位计量	1. 按配置要求提交全套设备和技术手册； 2. 支架制作安装； 3. 设备安装（含附件及附属线缆），设备调试； 4. 维护

续上表

子目号	子 目 名 称	项目特征	单位	工程量计量	工 程 内 容
-k	雾灯		个	依据图纸所示，以个(套)为单位计量	1. 按配置要求提交全套设备和技术手册； 2. 立柱制作安装； 3. 设备安装(含附件及附属线缆)，设备调试； 4. 维护
-l	车牌自动识别设施		套		
-m	车型自动识别设施		套		
-n	车道摄像机		套		
-o	ETC 车道天线		套	依据图纸所示，分不同参数以套为单位计量	1. 按配置要求提交全套设备(含读写单元、同步器、PSAM 卡)和技术手册； 2. 立柱制作安装； 3. 设备安装(含配件、附件及附属线缆)，设备调试； 4. 维护
-p	便携式收费终端		台	依据图纸所示，以台为单位计量	1. 按配置要求提交全套设备和技术手册； 2. 设备调试； 3. 维护
-q	ETC 特情处理终端		套	依据图纸所示，以套为单位计量	1. 按配置要求提交全套设备(含正版操作系统软件)和技术手册； 2. 设备安装(含附件及附属线缆)，设备调试； 3. 维护
-r	伪钞识别器		台	依据图纸所示，以台为单位计量	1. 按配置要求提交全套设备和技术手册； 2. 设备调试； 3. 维护
-s	激光车辆分离器		套	依据图纸所示，以套为单位计量	1. 按配置要求提交全套设备和技术手册； 2. 设备安装(含附件及附属线缆)，设备调试； 3. 维护
-t	微波雷达车辆检测器		套	依据图纸所示，以套为单位计量	1. 按配置要求提交全套设备和技术手册； 2. 立柱或支架、机箱等制作安装； 3. 设备安装(含配件、辅材及附属线缆、接地引下线等)，设备调试； 4. 维护

续上表

子目号	子 目 名 称	项目特征	单位	工程量计量	工 程 内 容
-u	智能节点集成设备		套	依据图纸所示，分不同集成内容以套为单位计量	1. 按配置要求提交全套设备和技术手册； 2. 立柱制作安装； 3. 设备安装（含附件及附属线缆），设备调试； 4. 维护
-v	收费亭、机柜				
-v-1	单向收费亭		个	依据图纸所示，分不同参数以个为单位计量	1. 收费亭、空调、操作台、座椅、防静电地板及有关配件安装（含安装辅材）； 2. 维护
-v-2	双向收费亭		个		
-v-3	控制机柜		个		1. 机柜、空调及有关配件安装（含安装辅材）； 2. 维护
907-2	绿通辐射成像检测				
-a	射线源		套	依据图纸所示，分不同参数以套为单位计量	1. 按配置要求提交全套设备和技术手册； 2. 设备调试； 3. 配合环评验收； 4. 维护
-b	探测器		套		
-c	控制器		套		
-d	信号分析		套		
-e	辐射防护		套		
-f	防辐射屏蔽墙		座	依据图纸所示，分不同参数以座为单位计量	1. 混凝土、钢筋全部工作内容； 2. 外包防护； 3. 配合环评验收； 4. 维护
908	沿线 ETC 设施				
908-1	ETC 门架及设备				
-a	ETC 门架				
-a-1	单向双车道		套	依据图纸所示，分不同类型以套为单位计量	1. 立柱、横梁及各种匹配件制作与安装； 2. 防腐处理； 3. 避雷针制作、安装
-a-2	单向三车道		套		
-a-3	单向四车道		套		
-a-4	双向四车道		套		
-a-5	双向六车道		套		
-a-6	双向八车道		套		
-b	天线		套	依据图纸所示，分不同参数以套为单位计量	1. 按配置要求提交全套设备（含读写单元、同步器、PSAM 卡）和技术手册； 2. 支架等制作安装； 3. 设备安装（含配件、附件及附属线缆），设备调试； 4. 维护

续上表

子目号	子 目 名 称	项目特征	单位	工程量计量	工 程 内 容
-c	车牌图像识别设备		台	依据图纸所示，分不同像素、焦距，以台为单位计量	1. 按配置要求提交全套设备和技术手册； 2. 支架等制作安装； 3. 设备安装（含附件及附属线缆），设备调试； 4. 维护
-d	车型识别器		台	依据图纸所示，分不同参数以台为单位计量	1. 按配置要求提交全套设备和技术手册； 2. 支架制作安装； 3. 设备安装（含附件及附属线缆），设备调试； 4. 维护
-e	补光灯		个	依据图纸所示，分不同功能、参数，以个为单位计量	1. 按配置要求提交全套设备和技术手册； 2. 支架制作安装； 3. 设备安装（含附件及附属线缆），设备调试； 4. 维护
-f	雷达		台	依据图纸所示，分不同参数以台为单位计量	1. 按配置要求提交全套设备和技术手册； 2. 支架制作安装； 3. 设备安装（含附件及附属线缆），设备调试； 4. 维护
-g	摄像机		套	依据图纸所示，分不同像素、焦距，以套为单位计量	1. 按配置要求提交全套设备和技术手册； 2. 支架制作安装； 3. 设备安装（含附件及附属线缆），设备调试； 4. 维护
-h	专用机箱		套	依据图纸所示，以套为单位计量	1. 按配置要求提交全套设备和技术手册； 2. 设备安装（含附件及附属线缆），设备调试； 3. 维护
908-2	机房及设备				
-a	智能机房				
-a-1	智能机房（3m × 2.35m × 2.8m）		套	依据图纸所示，分不同规格以套为单位计量	1. 按配置要求提交全套设备（含箱体和空调、灯具、动力环境监测、各类传感器、机房内摄像机、走线架、防静电地板等）和技术手册； 2. 设备安装（含附件及附属线缆），设备调试； 3. 维护
-a-2	智能机房（2m × 2.35m × 2.8m）		套		

续上表

子目号	子目名称	项目特征	单位	工程量计量	工程内容
-b	车道控制机		台	依据图纸所示，分不同规格以台为单位计量	1.按配置要求提交全套设备（含正版操作系统软件）和技术手册； 2.设备安装（含配件、辅材及附属线缆），软件安装，设备调试； 3.维护
-c	天线控制器		套	依据图纸所示，分不同规格以套为单位计量	
-d	ETC门架服务器（物理位置设置于收费站）		台	依据图纸所示，分不同参数以台为单位计量	
-e	磁盘阵列（物理位置设置于收费站）				
-e-1	磁盘阵列45T		台	依据图纸所示，分不同储存容量以台为单位计量	1.按配置要求提交全套设备和技术手册； 2.设备安装（含附件及附属线缆），设备调试； 3.维护
-e-2	磁盘阵列70T		台		
-f	交换机		台	依据图纸所示，分不同参数以台为单位计量	1.按配置要求提交全套设备和技术手册； 2.设备安装（含附件及附属线缆），设备调试； 3.维护
-g	ODF配线架				
-g-1	光纤配线单元ODF（24口）		套	依据图纸所示，分不同参数以套为单位计量	1.按配置要求提交全套设备和技术手册； 2.设备安装（含附件及附属线缆），设备调试； 3.维护
-g-2	光纤配线单元ODF（48口）		套		
-g-3	光纤配线单元ODF（96口）		套		
-h	网络接入机		套	依据图纸所示，以套为单位计量	1.按配置要求提交全套设备和技术手册； 2.设备安装（含附件及附属线缆），设备调试； 3.维护
909	超载超限治理				
909-1	静态称重设施				
-a	普通车道整车式		套	依据图纸所示，以套为单位计量	1.按配置要求提交全套设备和技术手册； 2.设备安装（含附件及附属线缆），设备调试； 3.维护
-b	加宽车道整车式		套		
-c	普通车道轴组式		套		
-d	加宽车道轴组式		套		
-e	移动式计重设备		套		
909-2	动态称重设施				
-a	低速动态称重设施		套	依据图纸所示，分不同类型以套为单位计量	1.按配置要求提交全套设备和技术手册； 2.设备安装（含附件及附属线缆），设备调试； 3.维护
-b	高速动态称重设施		套		

续上表

子目号	子 目 名 称	项目特征	单位	工程量计量	工 程 内 容
909-3	专用工控机		台	依据图纸所示,以台为单位计量	1. 按配置要求提交全套设备和技术手册; 2. 设备安装(含附件及附属线缆),设备调试; 3. 维护
909-4	车辆抓拍一体机		套	依据图纸所示,以套为单位计量	
909-5	车辆外轮廓尺寸自动检测设备		套	依据图纸所示,以套为单位计量	
909-6	附属管理设备				
-a	超限检测计算机		台	依据图纸所示,以台为单位计量	1. 按配置要求提交全套设备(含正版操作系统软件)和技术手册; 2. 设备安装(含配件、辅材及附属线缆),软件安装,设备调试; 3. 维护
-b	视频录像机		台	依据图纸所示,分不同参数以台为单位计量	1. 按配置要求提交全套设备和技术手册; 2. 设备安装(含附件及附属线缆),设备调试; 3. 维护
-c	激光打印机				
-c-1	黑白激光打印机 A3 幅面		台	依据图纸所示,分不同类型以台为单位计量	1. 按配置要求提交全套设备和技术手册; 2. 设备安装(含附件及附属线缆),设备调试; 3. 维护
-c-2	黑白激光打印机 A4 幅面		台		
-d	检查室操作台(含桌椅)		台	依据图纸所示,以台为单位计量	1. 按配置要求提交全套设备和技术手册; 2. 设备安装(含附件及附属线缆),设备调试; 3. 维护
-e	交换机		台	依据图纸所示,分不同参数以台为单位计量	1. 按配置要求提交全套设备和技术手册; 2. 设备安装(含附件及附属线缆),设备调试; 3. 维护
-f	广播喊话				
-f-1	功率放大器		台	依据图纸所示,以台为单位计量	1. 按配置要求提交全套设备和技术手册; 2. 设备安装(含附件及附属线缆),设备调试; 3. 维护
-f-2	麦克风		台		
-f-3	广域防水喇叭		台		
910	软件				
910-1	数据库软件				

续上表

子目号	子 目 名 称	项目特征	单位	工程量计量	工 程 内 容
-a	MSSQLServer		套	依据图纸所示，分不同版本以套为单位计量	1. 按要求提供正版软件； 2. 安装、调试； 3. 维护
-b	MySQL		套		
910-2	联网应用软件				
-a	收费分中心应用软件		套	依据图纸所示，分不同软件功能以套为单位计量	1. 提供软件操作技术手册； 2. 软件安装、调试； 3. 维护
-b	收费站 ETC/MTC 联网收费应用软件		套		
-c	收费站 ETC 联网收费应用软件		套		
-d	收费车道 ETC/MTC 联网应用软件		套		
-e	收费车道 ETC 联网应用软件		套		
-f	ETC 门架联网应用软件		套		
910-3	管理软件		套	依据图纸所示，分不同软件功能以套为单位计量	1. 软件开发工具准备； 2. 应用软件设计、开发和提交（含必要的源程序、源代码等）； 3. 安装并通过有运营单位、设计单位参加的专项测试； 4. 提供软件操作技术手册； 5. 维护
911	供电				
911-1	不间断电源				
-a	单相 UPS				
-a-1	单相 UPS 6kVA		台	依据图纸所示，分不同容量以台为单位计量	1. 按配置要求提交全套设备（含配电屏）和技术手册； 2. 设备安装（含附件及附属线缆），设备调试； 3. 维护
-a-2	单相 UPS 10kVA		台		
-a-3	单相 UPS 12kVA		台		
-a-4	单相 UPS 15kVA		台		
-a-5	单相 UPS 20kVA		台		
-b	三相 UPS				
-b-1	三相 UPS 6kVA		台	依据图纸所示，分不同容量以台为单位计量	1. 按配置要求提交全套设备（含配电屏）和技术手册； 2. 设备安装（含附件及附属线缆），设备调试； 3. 维护
-b-2	三相 UPS 10kVA		台		
911-2	稳压电源				

续上表

子目号	子 目 名 称	项目特征	单位	工程量计量	工 程 内 容
-a	稳压电源 20kVA		台	依据图纸所示，分不同容量以台为单位计量	1. 按配置要求提交全套设备和技术手册； 2. 设备安装（含附件及附属线缆），设备调试； 3. 维护
-b	稳压电源 30kVA		台		
-c	稳压电源 40kVA		台		
911-3	配电箱				
-a	收费亭配电箱		台	依据图纸所示，分不同类型以台为单位计量	1. 按配置要求提交全套设备和技术手册； 2. 设备安装（含附件及附属线缆），设备调试； 3. 维护
-b	收费广场配电箱		台		
-c	监控机房配电箱		台		
-d	车道配电箱		台		
-e	超限检测室配电箱		台		
-f	ETC 门架配电箱		台		
912	光电缆				
912-1	管道、线槽敷设电缆				
-a	VV 电缆		m	依据图纸所示，分不同线缆规格、电压等级、截面，以米为单位计量（含预留长度及附加长度）	1. 线缆敷设； 2. 线缆接续和端接（含辅材）； 3. 维护
-b	YJV 电缆		m		
912-2	直埋电缆敷设				
-a	VV_{22}电缆		m	依据图纸所示，分不同线缆规格、电压等级、截面，以米为单位计量（含预留长度及附加长度）	1. 电缆沟挖填、铺砂、盖保护板（砖）、混凝土保护、标桩埋设； 2. 线缆敷设； 3. 线缆接续和端接（含辅材）； 4. 维护
-b	YJV_{22}电缆		m		
-c	$YJLHV_{22}$电缆		m		
912-3	信号电缆		m	依据图纸所示，分不同线缆规格以米为单位计量（含预留长度及附加长度）	1. 线缆敷设； 2. 线缆接续和端接（含辅材）； 3. 维护
912-4	控制电缆		m	依据图纸所示，分不同线缆规格以米为单位计量（含预留长度及附加长度）	1. 线缆敷设； 2. 线缆接续和端接（含辅材）； 3. 维护
912-5	铜芯软导线		m	依据图纸所示，分不同导线规格以米为单位计量（含预留长度及附加长度）	1. 导线敷设； 2. 导线接续和端接（含辅材）； 3. 维护

续上表

子目号	子目名称	项目特征	单位	工程量计量	工程内容
912-6	网线		m	依据图纸所示，分不同网线规格以米为单位计量(含预留长度及附加长度)	1. 网线敷设； 2. 网线接续(含辅材)； 3. 维护
912-7	光缆				
-a	尾纤(跳线)		根	依据图纸所示，以根为单位计量	1. 尾纤(跳线)安装； 2. 维护
-b	终端盒		个	依据图纸所示，以个为单位计量	1. 终端盒安装； 2. 维护
-c	光缆		m	依据图纸所示，分不同光缆规格以米为单位计量	1. 光缆敷设； 2. 光缆接续(含辅材)； 3. 维护
912-8	预埋管		m	依据图纸所示，分不同材质、规格、壁厚，以米为单位计量	1. 管沟挖填； 2. 垫层铺筑； 3. 管道制作、敷设(含接续)； 4. 管道包封
912-9	明敷管		m	依据图纸所示，分不同材质、规格、壁厚，以米为单位计量	1. 管道制作、敷设(含接续)； 2. 抱箍或支架制作、安装； 3. 混凝土保护
912-10	地下通道电缆桥架				
-a	桥架		m	依据图纸所示，分不同材质、规格，以米为单位计量	1. 制作； 2. 安装； 3. 防腐除锈
-b	支架		kg	依据图纸所示，按支架质量以千克为单位计量	1. 制作； 2. 安装； 3. 防腐除锈
912-11	线缆爬梯(在竖井中使用)		m	依据图纸所示，以米为单位计量	1. 制作； 2. 安装； 3. 防腐除锈
913	防雷、接地				
913-1	防雷				
-a	交流电源防雷器(单相)		个	依据图纸所示，分不同类型以个为单位计量	1. 按配置要求提交全套设备和技术手册； 2. 设备安装(含附件及附属线缆)，设备调试； 3. 维护
-b	交流电源防雷器(三相)		个		
-c	直流电源防雷器		个		
-d	数据信号防雷器		个		
-e	视频信号防雷器		个		
-f	音频信号防雷器		个		
-g	总进线防雷模块		个		
-h	末端设备防雷模块		个		
-i	信号防雷模块		个		

续上表

子目号	子目名称	项目特征	单位	工程量计量	工程内容
913-2	接地极				
-a	角钢接地极		根	依据图纸所示，分不同接地极类型以根为单位计量	1. 基坑开挖、回填； 2. 敷设（含接续）； 3. 投放降阻剂； 4. 测试
-b	钢管接地极		根		
913-3	接地线				
-a	接地扁钢（40mm×4mm）		m	依据图纸所示，分不同规格以米为单位计量	1. 基坑开挖、回填； 2. 敷设（含接续）
-b	接地扁钢（50mm×5mm）		m		
-c	接地圆钢		m		
-d	接地连接线		m	依据图纸所示，分不同规格以米为单位计量	1. 线缆敷设； 2. 线缆接续和端接（含附材）； 3. 维护
913-4	接地汇流排		个	依据图纸所示，以个为单位	1. 接地汇流排敷设； 2. 维护
914	土建工程				
914-1	收费岛				
-a	单向收费岛		条	依据图纸所示，分不同岛长以条为单位计量	1. 收费岛岛体（含混凝土及钢筋）的全部工作； 2. 路缘石、岛体标线、防滑地砖、防护设施（防撞柱护栏及外饰、基础）等； 3. 岛上设备基础、预埋管道等工程内容
-b	双向收费岛		条		
914-2	设施基础				
-a	普通车道称重设备基础		套	依据图纸所示，分不同规格以套为单位计量	1. 基坑开挖、回填； 2. 垫层铺筑； 3. 现浇混凝土的全部工作（含钢筋及预埋件）
-b	超宽车道称重设备基础		套		
-c	摄像机基础		套		
-d	配电箱基础		套		
-e	车辆监测器基础		套		
-f	门架基础		套		
-g	智能机房基础		套		
914-3	人（手）孔				
-a	混凝土结构				
-a-1	人孔		个	依据图纸所示，分不同规格以个为单位计量	1. 基坑开挖、回填； 2. 混凝土浇筑，井盖、盖板安装； 3. 管道、支架、配件预留或预埋
-a-2	手孔		个		
-b	砖砌结构				

续上表

子目号	子 目 名 称	项目特征	单位	工程量计量	工 程 内 容
-b-1	人孔		个	依据图纸所示,分不同规格以个为单位计量	1.基坑开挖、回填; 2.砌体砌筑,混凝土浇筑,井盖、盖板安装; 3.管道、支架、配件预留或预埋
-b-2	手孔		个		
915	备件、专用工具				
915-1	备件				
-a	车道控制机		套	依据图纸所示,分不同种类以套(块)为单位计量	1.按配置要求提交备件; 2.备件更换操作手册
-b	车道控制机硬盘		块		
915-2	专用工具		套	依据图纸所示,以套为单位计量	提交专用工具
916	培训				
916-1	技术管理人员		人×周	按招标文件或合同的规定,结合实际工程需要,组织专家对相关人员进行操作、维护等方面培训学习的费用,以人×周计量	1.培训教材、操作手册及相关资料提供; 2.专家授课; 3.组织笔试和现场操作考试; 4.通过有关单位的认可
916-2	技术操作人员		人×周		
917	系统测试、联合调试及配合试运行费		总额	按招标文件或合同的规定,结合实际工程需要,组织专家及技术人员进行系统测试、联合调试及配合试运行的全部费用,以总额计量	1.系统测试、联合调试、系统试运行、电缆试验等; 2.编制并提交测试报告; 3.提交首次等保测评报告; 4.通过有关单位的认可
918	设备拆除		总额	依据图纸所示,根据拆除内容以总额为单位计量	1.拆除设备、整理线缆; 2.堆放至指定地点
919	现有设施拆除与恢复				
919-1	路面		m^3	依据图纸所示,分不同结构以立方米为单位计量	1.挖除旧路面、移运至指定地点; 2.铺筑垫层、基层、面层等全部工作内容
919-2	人(手)孔		个	依据图纸所示,分不同规格、型号,以个为单位计量	1.拆除、移运至指定地点; 2.砌体砌筑,混凝土浇筑,井盖、盖板安装; 3.管道、支架、配件预留或预埋
919-3	绿化		m^2	依据图纸所示,以平方米为单位计量	1.起挖、植物保护、装卸、运输; 2.坑(穴)开挖、种植、养护; 3.场地清理

注:没有收费系统的普通公路,其超载超限治理,列入本章有关子目。

第1000章　通信系统

子目号	子目名称	项目特征	单位	工程量计量	工程内容
1001	干线传输网				
1001-1	10GE级光分插复用器OADM		套	依据图纸所示，以套为单位计量	1. 按配置要求提交设备（含软件）和技术手册； 2. 设备安装（含辅材及附属线缆），软件安装，设备调试； 3. 维护
1001-2	维护终端		套	依据图纸所示，以套为单位计量	1. 按配置要求提交全套设备（含正版操作系统软件、维护软件）和技术手册； 2. 设备安装（含配件、辅材及附属线缆），软件安装，设备调试； 3. 维护
1002	综合业务接入网				
1002-1	接入网传输系统				
-a	10GE级光纤线路终端（OLT）				
-a-1	分中心汇聚PTN设备（上联OTN）		套	依据图纸所示，分不同参数以套为单位计量	1. 按配置要求提交设备（含软件）和技术手册； 2. 设备安装（含辅材及附属线缆），软件安装，设备调试； 3. 维护
-a-2	分中心汇聚PTN设备（下挂2个环）		套		
-a-3	分中心汇聚PTN设备（下挂3-4个环）		套		
-b	10GE级光纤网络单元（ONU）				
-b-1	站级PTN设备（2个线路侧）		套	依据图纸所示，分不同参数以套为单位计量	1. 按配置要求提交设备（含软件）和技术手册； 2. 设备安装（含辅材及附属线缆），软件安装，设备调试； 3. 维护
-b-2	站级PTN设备（4个线路侧）		套		
-b-3	站级PTN设备（6个线路侧）		套		
-c	接入网汇聚设备		套		
-d	接入网网管终端		套	依据图纸所示，以套为单位计量	1. 按配置要求提交全套设备（含正版操作系统软件、网管软件）和技术手册； 2. 设备安装（含配件、辅材及附属线缆），软件安装，设备调试； 3. 维护

续上表

子目号	子 目 名 称	项目特征	单位	工程量计量	工 程 内 容
-e	数字配线单元 DDF				
-e-1	8 系统模块		块	依据图纸所示,分不同参数以块为单位计量	1. 按配置要求提交全套设备和技术手册; 2. 设备安装(含辅材及附属线缆),设备调试; 3. 维护
-e-2	16 系统模块		块		
-f	光纤配线单元 ODF				
-f-1	12 口		套	依据图纸所示,分不同参数以套为单位计量	1. 按配置要求提交全套设备和技术手册; 2. 设备安装(含辅材及附属线缆),设备调试; 3. 维护
-f-2	24 口		套		
-f-3	48 口		套		
-g	音频配线单元 MDF				
-g-1	100 回线		套	依据图纸所示,分不同参数以套为单位计量	1. 按配置要求提交全套设备和技术手册; 2. 设备安装(含辅材及附属线缆),设备调试; 3. 维护
-g-2	200 回线		套		
-g-3	400 回线		套		
-h	光纤数字配线柜		台	依据图纸所示,以台为单位计量	1. 按配置要求提交柜体(不含配线单元)及技术手册; 2. 设备安装(含辅材及附属线缆); 3. 维护
-i	省中心 PTN 网管 license 授权		个	依据图纸所示,以个为单位计量	按配置要求授权
1002-2	融合通信				
-a	融合通信网关		套	依据图纸所示,以套为单位计量	1. 按配置要求提交全套设备(含软件)及技术手册; 2. 设备安装(含辅材及附属线缆),软件安装,设备调试; 3. 维护
-b	IAD 设备				
-b-1	IAD 设备 48 用户		台	依据图纸所示,分不同参数以台为单位计量	1. 按配置要求提交全套设备和技术手册; 2. 设备安装(含辅材及附属线缆),设备调试; 3. 维护
-b-2	IAD 设备 96 用户		台		
-c	话务台		套	依据图纸所示,分不同类型以套(部)为单位计量	1. 按配置要求提交全套设备和技术手册; 2. 设备安装(含辅材及附属线缆),设备调试; 3. 维护
-d	电话分机		部		
-e	传真机		部		

续上表

子目号	子 目 名 称	项目特征	单位	工程量计量	工 程 内 容
-f	电话光端机		对	依据图纸所示,分不同参数以对为单位计量	1. 按配置要求提交全套设备和技术手册; 2. 设备安装(含辅材及附属线缆),设备调试; 3. 维护
-g	维护终端		套	依据图纸所示,以套为单位计量	1. 按配置要求提交全套设备(含正版操作系统软件、维护软件)和技术手册; 2. 设备安装(含配件、辅材及附属线缆),软件安装,设备调试; 3. 维护
-h	计费系统		套	依据图纸所示,以套为单位计量	1. 按配置要求提交全套设备(含软件)及技术手册; 2. 设备安装(含辅材及附属线缆),软件安装,设备调试; 3. 维护
-i	打印机				
-i-1	黑白激光打印机 A3 幅面		台	依据图纸图示,分不同类型以台为单位计量	1. 按配置要求提交全套设备和技术手册; 2. 设备安装(含附件及附属线缆),设备调试; 3. 维护
-i-2	黑白激光打印机 A4 幅面		台		
1002-3	接入网 IP				
-a	分中心汇聚交换机		台	依据图纸所示,分不同参数以台为单位计量	1. 按配置要求提交全套设备和技术手册; 2. 设备安装(含配件、辅材及附属线缆),设备调试; 3. 维护
-b	收费站汇聚交换机		台		
1003	会议电视				
1003-1	会议终端				
-a	MCU 及附属设备		套	依据图纸所示,分不同类型以套为单位计量	1. 按配置要求提交全套设备(含服务器等)及技术手册; 2. 设备安装(含辅材及附属线缆),软件安装,设备调试; 3. 维护
-b	分体式会议电视视频终端		套		
1003-2	流媒体服务器		台	依据图纸所示,以台为单位计量	1. 按配置要求提交全套设备(含正版操作系统软件)和技术手册; 2. 设备安装(含配件、辅材及附属线缆),软件安装,设备调试; 3. 维护

续上表

子目号	子 目 名 称	项目特征	单位	工程量计量	工 程 内 容
1003-3	交换机				
-a	二层以太网交换机		台	依据图纸所示,分不同参数以台为单位计量	1. 按配置要求提交全套设备和技术手册; 2. 设备安装(含配件、辅材及附属线缆),设备调试; 3. 维护
-b	三层以太网交换机		台		
1003-4	室内摄像机		套	依据图纸所示,分不同像素、焦距,以套为单位计量	1. 按配置要求提交全套设备和技术手册; 2. 设备安装(含支架、配件、辅材及附属线缆),设备调试; 3. 维护
1003-5	电视机		台	依据图纸所示,分不同规格以台为单位计量	1. 按配置要求提交全套设备和技术手册; 2. 设备安装(含配件、辅材及附属线缆),设备调试; 3. 维护
1003-6	投影仪		台	依据图纸所示,以台为单位计量	1. 按配置要求提交全套设备和技术手册; 2. 设备安装(含配件、辅材及附属线缆),设备调试; 3. 维护
1003-7	麦克风		个	依据图纸所示,分不同功能、信号传输方式,以个为单位计量	1. 按配置要求提交全套设备和技术手册; 2. 设备安装(含配件、辅材及附属线缆),设备调试; 3. 维护
1003-8	视频编解码设备		套	依据图纸所示,以套(台)为单位计量	1. 按配置要求提交全套设备和技术手册; 2. 设备安装(含配件、辅材及附属线缆),设备调试; 3. 维护
1003-9	调音台		台		
1003-10	音响设备(含功率放大器、音箱等)		套		
1003-11	19″标准机柜		台	依据图纸所示,以台为单位计量	1. 按配置要求提交全套设备及技术手册; 2. 设备安装(含配件、辅材); 3. 维护
1004	通信电源				
1004-1	高频开关组合电源				
-a	30A		套	依据图纸所示,分不同容量以套为单位计量	1. 按配置要求提交全套设备和技术手册; 2. 设备安装(含配件、辅材及附属线缆),设备调试; 3. 维护
-b	2×30A		套		
-c	3×30A		套		
-d	4×30A		套		
-e	10×30A		套		
1004-2	免维护蓄电池				

续上表

子目号	子 目 名 称	项目特征	单位	工程量计量	工 程 内 容
-a	48V/100AH		组	依据图纸所示，分不同额定容量以组为单位计量	1. 按配置要求提交全套设备和技术手册； 2. 设备安装(含支架、配件、辅材及附属线缆)，设备调试； 3. 维护
-b	48V/200AH		组		
1004-3	配电箱		台	依据图纸所示，以台为单位计量	1. 按配置要求提交全套设备； 2. 设备安装(含配件、辅材及附属线缆)，设备调试； 3. 维护
1004-4	单相 UPS				
-a	单相 UPS 3kVA		台	依据图纸所示，分不同容量以台为单位计量	1. 按配置要求提交全套设备(含配电屏)和技术手册； 2. 设备安装(含配件、辅材及附属线缆)，设备调试； 3. 维护
-b	单相 UPS 6kVA		台		
1004-5	电脑桌椅		套	依据图纸所示，以套为单位计量	按配置要求提交电脑桌椅
1005	动环监控				
1005-1	监控主机		台	依据图纸所示，以台为单位计量	1. 按配置要求提交全套设备(含正版操作系统软件)和技术手册； 2. 设备安装(含配件、辅材及附属线缆)，软件安装，设备调试； 3. 维护
1005-2	动环监控软件		套	依据图纸所示，以套为单位计量	1. 软件开发工具准备； 2. 应用软件设计、开发和提交(含必要的源程序、源代码等)； 3. 安装并通过有运营单位、设计单位参加的专项测试； 4. 提供软件操作技术手册； 5. 维护
1005-3	温湿度传感器		个	依据图纸所示，以个为单位计量	1. 按配置要求提交全套设备和技术手册； 2. 设备安装(含配件、辅材及附属线缆)，设备调试； 3. 维护
1005-4	水浸传感器		个		
1005-5	烟雾传感器		个		
1005-6	直流电源监测装置		个		
1005-7	不定位控制器(含漏水感应线)		个		
1005-8	UPS 监测装置		个		
1005-9	蓄电池转换器		个		
1005-10	蓄电池单体监测装置		个		
1005-11	声光报警器		个		

续上表

子目号	子 目 名 称	项目特征	单位	工程量计量	工 程 内 容
1005-12	摄像机		套	依据图纸所示,分不同像素、焦距,以套为单位计量	1.按配置要求提交全套设备和技术手册; 2.设备安装(含支架、配件、辅材及附属线缆),设备调试; 3.维护
1005-13	视频录像机		台	依据图纸所示,分不同参数以台为单位计量	1.按配置要求提交全套设备和技术手册; 2.设备安装(含配件、辅材及附属线缆),设备调试; 3.维护
1005-14	管理计算机		台	依据图纸所示,以台为单位计量	1.按配置要求提交全套设备(含正版操作系统软件)和技术手册; 2.设备安装(含配件、辅材及附属线缆),软件安装,设备调试; 3.维护
1005-15	多功能电表		个	依据图纸所示,以个为单位计量	1.按配置要求提交全套设备和技术手册; 2.设备安装(含配件、辅材及附属线缆),设备调试; 3.维护
1005-16	精密空调		台	依据图纸所示,分不同功率以台为单位计量	1.按配置要求提交全套设备和技术手册; 2.设备安装(含配件、辅材及附属线缆),设备调试; 3.维护
1005-17	工业空调		台		
1005-18	空调控制器		个	依据图纸所示,以个为单位计量	
1005-19	门禁系统		套	依据图纸所示,以套为单位计量	1.按配置要求提交全套设备和技术手册; 2.设备安装(含配件、辅材及附属线缆),设备调试; 3.维护
1006	智能一体化机房		套	依据图纸所示,分不同参数以套为单位计量	1.按配置要求提交全套设备和技术手册; 2.设备安装(含配件、辅材及附属线缆),接地; 3.挖填基坑、浇筑(砌筑)设备基础、安装围栏等; 4.维护
1007	光电缆				
1007-1	管道敷设光缆				
-a	尾纤(跳线)		根	依据图纸所示,以根为单位计量	1.尾纤(跳线)安装; 2.维护

续上表

子目号	子 目 名 称	项目特征	单位	工程量计量	工 程 内 容
-b	终端盒		个	依据图纸所示,以个为单位计量	1. 终端盒安装; 2. 维护
-c	24 芯光缆		m	依据图纸所示,分隧道洞内外和不同线缆规格,以米为单位计量(含预留长度及附加长度)	1. 光缆敷设; 2. 光缆接续(含辅材); 3. 维护
-d	30 芯光缆		m		
-e	36 芯光缆		m		
-f	48 芯光缆		m		
-g	96 芯光缆		m		
1007-2	架空光缆				
-a	立通信电杆		根	依据图纸所示,以根为单位计量	1. 测量,挖、填土; 2. 立杆、拉线、金具安装; 3. 组装; 4. 基础或底盘安装
-b	架空光缆		m	依据图纸所示,分不同线缆规格以米为单位计量(含预留长度及附加长度)	1. 架设吊线、光缆; 2. 光缆接续(含辅材); 3. 维护
1007-3	信号电缆		m	依据图纸所示,分不同线缆规格以米为单位计量(含预留长度及附加长度)	1. 线缆敷设; 2. 线缆接续和端接(含辅材); 3. 维护
1007-4	供电电缆		m	依据图纸所示,分不同敷设方式、线缆规格、电压等级、截面,以米为单位计量(含预留长度及附加长度)	1. 线缆敷设; 2. 线缆接续和端接(含辅材); 3. 电缆沟挖填、揭(盖)盖板、混凝土保护、标桩埋设; 4. 维护
1008	通信管道(箱)				
1008-1	ϕ40/33 硅芯管(土质路段敷设)				
-a	敷设 2 孔		m	依据图纸所示,分不同孔数以米为单位计量	1. 管沟挖填; 2. 硅芯管敷设、固定(包封)硅芯管(含辅材); 3. 维护
-b	敷设 4 孔		m		
-c	敷设 6 孔		m		
-d	敷设 8 孔		m		
-e	敷设 12 孔		m		
1008-2	ϕ40/33 硅芯管(石质路段敷设)				

续上表

子目号	子目名称	项目特征	单位	工程量计量	工程内容
-a	敷设2孔		m	依据图纸所示,分不同孔数以米为单位计量	1. 管沟挖填; 2. 硅芯管敷设、固定(包封)硅芯管(含辅材); 3. 维护
-b	敷设4孔		m		
-c	敷设6孔		m		
-d	敷设8孔		m		
-e	敷设12孔		m		
1008-3	ϕ40/33硅芯管(中分带内敷设)				
-a	敷设8孔		m	依据图纸所示,分不同孔数以米为单位计量	1. 硅芯管敷设、固定(包封)硅芯管(含辅材); 2. 维护
-b	敷设12孔		m		
-c	敷设16孔		m		
1008-4	ϕ40/33硅芯管(过桥管箱敷设)				
-a	敷设8孔		m	依据图纸所示,分不同孔数以米为单位计量	1. 硅芯管敷设、固定硅芯管(含辅材); 2. 维护
-b	敷设12孔		m		
-c	敷设16孔		m		
1008-5	ϕ40/33硅芯管(隧道托架敷设)				
-a	敷设8孔		m	依据图纸所示,分不同孔数以米为单位计量	1. 硅芯管敷设、固定硅芯管(含辅材); 2. 维护
-b	敷设12孔		m		
-c	敷设16孔		m		
1008-6	预埋管				
-a	预埋镀锌钢管		m	依据图纸所示,分不同孔数、规格、壁厚,以米为单位计量	1. 管沟挖填; 2. 垫层铺筑; 3. 依管道制作、敷设(含接续); 4. 管道包封
-b	预埋钢塑管		m		
-c	预埋玻璃钢管		m		
-d	预埋PVC管		m		
1008-7	明敷管				
-a	明敷镀锌钢管		m	依据图纸所示,分不同孔数、管径、壁厚,以米为单位计量	1. 管道制作、敷设(含接续); 2. 管道抱箍或支架制作、安装; 3. 混凝土保护
-b	明敷PVC管		m		
-c	明敷可挠金属管		m		
1008-8	非开挖敷设				
-a	顶管		m	依据图纸所示,分不同材质、孔数、管径,以米为单位计量	1. 顶进后座及坑内工作平台搭拆; 2. 顶进设备的安装、拆除; 3. 管道顶进
-b	水平定向钻		m	依据图纸所示,分不同材质、孔数、管径,以米为单位计量	1. 定位、成孔; 2. 设备安装、拆除; 3. 拉管、管道接口、监测

续上表

子目号	子 目 名 称	项目特征	单位	工程量计量	工 程 内 容
1008-9	子管		m	依据图纸所示，分不同材质、规格，以米为单位计量	管道敷设(含接续)
1008-10	过桥管箱				
-a	管箱		m	依据图纸所示，分不同材质、规格，以米为单位计量	1. 管箱安装(含端头管箱、配件、辅材等)； 2. 维护
-b	托架		kg	依据图纸所示，按托架质量以千克为单位计量	1. 制作； 2. 安装； 3. 防腐除锈
1009	防雷、接地				
1009-1	防雷				
-a	电源防雷器		个	依据图纸所示，分不同类型以个为单位计量	1. 按配置要求提交全套设备和技术手册； 2. 设备安装(含附件及附属线缆)，设备调试； 3. 维护
-b	数据信号防雷器		个		
1009-2	接地汇流排		个	依据图纸所示，以个为单位计量	1. 接地汇流排敷设； 2. 维护
1010	人(手)孔				
1010-1	混凝土结构				
-a	人孔		个	依据图纸所示，分不同规格以个为单位计量	1. 基坑开挖、回填； 2. 混凝土浇筑，井盖、盖板安装； 3. 管道、支架、配件预留或预埋
-b	手孔		个		
1010-2	砖砌结构				
-a	人孔		个	依据图纸所示，分不同规格以个为单位计量	1. 基坑开挖、回填； 2. 砌体砌筑，混凝土浇筑，井盖、盖板安装； 3. 管道、支架、配件预留或预埋
-b	手孔		个		
1011	备件、专用工具				
1011-1	备件				
-a	高频开关整流模块		块	依据图纸所示，分不同种类以块为单位计量	1. 按配置要求提交备件； 2. 备件更换操作手册
-b	接入网电源板		块		
1011-2	专用工具		套	依据图纸所示，以套为单位计量	提交专用工具

续上表

子目号	子 目 名 称	项目特征	单位	工程量计量	工 程 内 容
1012	培训				
1012-1	技术管理人员		人×周	按招标文件或合同的规定,结合实际工程需要,组织专家对相关人员进行操作、维护等方面培训学习的费用,以人×周计量	1. 提供培训教材、操作手册及相关资料; 2. 专家授课; 3. 组织笔试和现场操作考试; 4. 通过有关单位的认可
1012-2	技术操作人员		人×周		
1013	系统测试、联合调试及配合试运行费		总额	按招标文件或合同的规定,结合实际工程需要,组织专家及技术人员进行系统测试、联合调试及配合试运行的全部费用,以总额计量	1. 系统测试、联合调试、系统试运行、电缆试验等; 2. 编制并提交测试报告; 3. 提交首次等保测评报告; 4. 通过有关单位的认可
1014	与省中心联网调试费		总额	根据工程实际情况,组织专家及技术人员与省中心联网调试、测试的全部费用,以总额计	1. 联网设备调试、测试; 2. 编制并提交调试报告; 3. 通过有关单位的认可
1015	通信备份路由		条	依据图纸所示,分不同带宽以条为单位计量	1. 网络运营商提供专用线路; 2. 缺责任期租赁费用; 3. 网络测试
1016	设备拆除		总额	依据图纸所示,根据拆除内容以总额为单位计量	1. 拆除设备、整理线缆; 2. 堆放至指定地点
1017	现有设施拆除与恢复				
1017-1	路面		m^3	依据图纸所示,分不同结构以立方米为单位计量	1. 挖除旧路面、移运至指定地点; 2. 铺筑垫层、基层、面层等全部工作内容
1017-2	人(手)孔		个	依据图纸所示,分不同规格、型号,以个为单位计量	1. 拆除、移运至指定地点; 2. 砌体砌筑,混凝土浇筑,井盖、盖板安装; 3. 管道、支架、配件预留或预埋
1017-3	绿化		m^2	依据图纸所示,以平方米为单位计量	1. 起挖、植物保护、装卸、运输; 2. 坑(穴)开挖、种植、养护; 3. 场地清理

第 1100 章　供配电系统

子目号	子 目 名 称	项目特征	单位	工程量计量	工 程 内 容
1101	变压器				
1101-1	干式变压器				
-a	干式变压器 SCB11 系列		台	依据图纸所示,分不同参数以台为单位计量	1. 按配置要求提交全套设备和技术手册; 2. 设备安装(含基础型钢制作安装、配件、辅材及附属线缆埋设),配合电器试验; 3. 基础制作安装; 4. 维护
-b	干式变压器 SCB18 系列		台		
-c	干式变压器 SCBH13 系列		台		
-d	干式变压器 SCBH15 系列		台		
-e	干式变压器 SCBH17 系列		台		
-f	干式变压器 SCBH19 系列		台		
1101-2	干式有载调压变压器		台	依据图纸所示,分不同参数以台为单位计量	1. 按配置要求提交全套设备和技术手册; 2. 设备安装(含基础型钢制作安装、配件、辅材及附属线缆埋设),配合电器试验; 3. 基础制作安装; 4. 维护
1101-3	箱式变压器				
-a	箱式变压器 100kVA		台	依据图纸所示,分不同参数以台为单位计量	1. 按配置要求提交全套设备和技术手册; 2. 设备安装(含配件、辅材及附属线缆埋设),配合电器试验; 3. 挖填基坑、浇筑(砌筑)设备基础、制作安装围栏; 4. 维护
-b	箱式变压器 160kVA		台		
-c	箱式变压器 200kVA		台		
1102	高压开关柜				
1102-1	10kV 进线柜		面	依据图纸所示,分不同类型以面为单位计量	1. 按配置要求提交全套设备和技术手册; 2. 设备安装(含基础型钢制作安装、配件、辅材),设备调试; 3. 基础制作安装; 4. 维护
1102-2	10kV 馈线柜		面		
1102-3	10kV 计量柜		面		
1102-4	PT 柜		面		
1103	低压开关柜				
1103-1	进线柜		面	依据图纸所示,分不同类型以面为单位计量	1. 按配置要求提交全套设备和技术手册; 2. 设备安装(含基础型钢制作安装、配件、辅材),设备调试; 3. 基础制作安装; 4. 维护
1103-2	双电源切换柜		面		
1103-3	馈线柜		面		
1103-4	无功补偿柜				

续上表

子目号	子 目 名 称	项目特征	单位	工程量计量	工 程 内 容
-a	补偿容量 60kVar		面	依据图纸所示，分不同补偿容量以面为单位计量	1. 按配置要求提交全套设备和技术手册； 2. 设备安装（含基础型钢制作安装、配件、辅材），设备调试； 3. 基础制作安装； 4. 维护
-b	补偿容量 90kVar		面		
-c	补偿容量 120kVar		面		
1103-5	电容补偿及谐波治理一体柜				
-a	补偿容量 60kVar		面	依据图纸所示，分不同补偿容量以面为单位计量	1. 按配置要求提交全套设备和技术手册； 2. 设备安装（含基础型钢制作安装、配件、辅材），设备调试； 3. 基础制作安装； 4. 维护
-b	补偿容量 90kVar		面		
-c	补偿容量 120kVar		面		
1104	附属设施				
1104-1	绝缘胶垫		m^2	依据图纸所示，以平方米为单位计量	按配置要求提供绝缘胶垫并安装
1104-2	封闭母线				
-a	封闭母线 400A		m	依据图纸所示，分不同额定电流以米为单位计量	按配置要求提供封闭母线并布设
-b	封闭母线 630A		m		
-c	封闭母线 800A		m		
-d	封闭母线 1000A		m		
-e	封闭母线 1250A		m		
-f	封闭母线 1600A		m		
1105	柴油发电机组				
1105-1	柴油发电机组 80kW		套	依据图纸所示，分不同功率以套为单位计量	1. 按配置要求提交全套设备和技术手册； 2. 设备安装（含配件、辅材及附属线缆埋设），设备调试，安装底座，安装体外排气系统，安装备用燃油箱、机油箱，试车； 3. 维护
1105-2	柴油发电机组 90kW		套		
1105-3	柴油发电机组 100kW		套		
1105-4	柴油发电机组 120kW		套		
1105-5	柴油发电机组 150kW		套		
1105-6	柴油发电机组 200kW		套		
1105-7	柴油发电机组 250kW		套		
1105-8	柴油发电机组 300kW		套		
1105-9	柴油发电机组 400kW		套		
1106	移动发电机		套	依据图纸所示，分不同功率以套为单位计量	1. 按配置要求提交全套设备和技术手册； 2. 设备调试； 3. 维护
1107	不间断电源				
1107-1	三相 UPS				

续上表

子目号	子 目 名 称	项目特征	单位	工程量计量	工 程 内 容
-a	三相 UPS 10kVA		台	依据图纸所示,分不同容量以台为单位计量	1. 按配置要求提交全套设备(含配电屏)和技术手册; 2. 设备安装(含配件、辅材及附属线缆),设备调试; 3. 维护
-b	三相 UPS 20kVA		台		
-c	三相 UPS 30kVA		台		
1107-2	三相 EPS				
-a	三相 EPS 6kW		台	依据图纸所示,分不同容量以台为单位计量	1. 按配置要求提交全套设备(含配电屏)和技术手册; 2. 设备安装(含配件、辅材及附属线缆),设备调试; 3. 维护
-b	三相 EPS 10kW		台		
-c	三相 EPS 15kW		台		
-d	三相 EPS 20kW		台		
1108	充电桩设施				
1108-1	充电桩				
-a	一体式充电桩(一桩二枪)		台	依据图纸所示,分不同参数以台为单位计量	1. 按配置要求提交全套设备; 2. 设备安装(含围栏、基础制作安装、配件、辅材),设备调试; 3. 维护
-b	群控式充电桩(八枪)		台		
1108-2	安全管控及服务		套	依据图纸所示,以套为单位计量	1. 按配置要求提交全套设备(含采集器、传感器、线缆、路由器、呼叫器、安防柜等); 2. 设备安装(含基础制作安装、配件、辅材),设备调试; 3. 维护
1109	电力监控				
1109-1	通信处理机		台	依据图纸所示,以台为单位计量	1. 按配置要求提交全套设备及技术手册; 2. 设备安装(含配件、辅材及附属线缆),设备调试; 3. 维护
1109-2	电力监控计算机		台	依据图纸所示,以台为单位计量	1. 按配置要求提交全套设备(含正版操作系统软件)和技术手册; 2. 设备安装(含配件、辅材及附属线缆),软件安装,设备调试; 3. 维护
1109-3	电力监控软件		套	依据图纸所示,以套为单位计量	1. 软件开发工具准备; 2. 应用软件设计、开发和提交(含必要的源程序、源代码等); 3. 安装并通过有运营单位、设计单位参加的专项测试; 4. 提供软件操作技术手册; 5. 维护

续上表

子目号	子 目 名 称	项目特征	单位	工程量计量	工 程 内 容
1109-4	交换机		台	依据图纸所示，分不同参数以台为单位计量	1. 按配置要求提交全套设备和技术手册； 2. 设备安装（含配件、辅材及附属线缆），设备调试； 3. 维护
1109-5	光端机		对	依据图纸所示，分不同参数以对为单位计量	1. 按配置要求提交全套设备和技术手册； 2. 设备安装（含配件、辅材及附属线缆），设备调试； 3. 维护
1109-6	19″标准机柜		台	依据图纸所示，以台为单位计量	1. 按配置要求提交全套设备和技术手册； 2. 设备安装（含配件、辅材及附属线缆）； 3. 维护
1109-7	高压测控				
-a	10kV 进线保护测控装置		套	依据图纸所示，以套为单位计量	1. 按配置要求提交全套设备和技术手册； 2. 设备安装（含配件、辅材及附属线缆），设备调试； 3. 维护
-b	10kV 出线保护测控装置		套		
1109-8	低压测控				
-a	低压单相测控		套	依据图纸所示，以套为单位计量	1. 按配置要求提交全套设备和技术手册； 2. 设备安装（含配件、辅材及附属线缆），设备调试； 3. 维护
-b	低压三相测控		套		
-c	无功补偿测控		套		
1109-9	摄像机		套	依据图纸所示，分不同参数以套（台）为单位计量	1. 按配置要求提交全套设备和技术手册； 2. 设备安装（含配件、辅材及附属线缆），设备调试； 3. 维护
1109-10	电气火灾探测主机		台		
1109-11	电气火灾监视器		台		
1110	光电缆				
1110-1	支（桥）架敷设电缆				
-a	VV 电缆		m	依据图纸所示，分不同线缆规格、电压等级、截面，以米为单位计量（含预留长度及附加长度）	1. 线缆敷设； 2. 线缆接续和端接（含辅材）； 3. 维护
-b	VV_{22}电缆		m		
-c	YJV 电缆		m		
-d	YJV_{22}电缆		m		
-e	YJLV 电缆		m		
-f	$YJLV_{22}$电缆		m		
-g	NH-YJV 电缆		m		

续上表

子目号	子 目 名 称	项目特征	单位	工程量计量	工 程 内 容
1110-2	直埋电缆敷设				
-a	VV_{22}电缆		m	依据图纸所示，分不同线缆规格、电压等级、截面，以米为单位计量（含预留长度及附加长度）	1. 电缆沟挖填、铺砂、盖保护板（砖）、混凝土保护、标桩埋设； 2. 线缆敷设； 3. 线缆接续和端接（含辅材）； 4. 维护
-b	YJV_{22}电缆		m		
-c	$YJLV_{22}$电缆		m		
1110-3	分支箱		个	依据图纸所示，以个为单位计量	1. 按配置要求提交全套设备； 2. 设备安装（含配件、辅材及附属线缆埋设），设备调试； 3. 维护
1110-4	信号电缆		m	依据图纸所示，分不同线缆规格以米为单位计量（含预留长度及附加长度）	1. 线缆敷设； 2. 线缆接续和端接（含辅材）； 3. 维护
1110-5	控制电缆		m	依据图纸所示，分不同线缆规格以米为单位计量（含预留长度及附加长度）	1. 线缆敷设； 2. 线缆接续和端接（含辅材）； 3. 维护
1110-6	铜芯软导线		m	依据图纸所示，分不同导线规格以米为单位计量（含预留长度及附加长度）	1. 导线敷设； 2. 导线接续和端接（含辅材）； 3. 维护
1110-7	网线		m	依据图纸所示，分不同网线规格以米为单位计量（含预留长度及附加长度）	1. 网线敷设； 2. 网线接续和端接（含辅材）； 3. 维护
1110-8	光缆				
-a	尾纤（跳线）		根	依据图纸所示，以根为单位计量	1. 尾纤（跳线）安装； 2. 维护
-b	终端盒		个	依据图纸所示，以个为单位计量	1. 终端盒安装； 2. 维护
-c	光缆		m	依据图纸所示，分不同光缆规格以米为单位计量（含预留长度及附加长度）	1. 光缆敷设； 2. 线缆接续（含辅材）； 3. 维护

续上表

子目号	子 目 名 称	项目特征	单位	工程量计量	工 程 内 容
1110-9	预埋管		m	依据图纸所示，分不同材质、规格、壁厚，以米为单位计量	1. 管沟挖填； 2. 垫层铺筑； 3. 管道制作、敷设（含接续）； 4. 管道包封
1110-10	圬工电缆沟				
-a	混凝土电缆沟		m	依据图纸所示，分不同规格以米为单位计量	1. 基坑开挖、基座处理、回填； 2. 管沟浇筑或盖板制作、安装（含钢筋及预埋件）
-b	砌体电缆沟		m	依据图纸所示，分不同规格以米为单位计量	1. 基坑开挖、基座处理、回填； 2. 管沟砌筑或盖板制作、安装（含钢筋及预埋件）
-c	电缆支架		kg	依据图纸所示，按支架质量以千克为单位计量	1. 制作； 2. 安装； 3. 防腐除锈
1110-11	电缆桥架				
-a	桥架		m	依据图纸所示，分不同材质、规格，以米为单位计量	1. 制作； 2. 安装； 3. 防腐除锈
-b	支架		kg	依据图纸所示，按支架质量以千克为单位计量	1. 制作； 2. 安装； 3. 防腐除锈
1111	接地				
1111-1	接地极				
-a	角钢接地极		根	依据图纸所示，分不同接地极类型以根为单位计量	1. 基坑开挖、回填； 2. 敷设（含接续）； 3. 投放降阻剂； 4. 测试
-b	钢管接地极		根		
1111-2	接地扁钢				
-a	接地扁钢（40mm×4mm）		m	依据图纸所示，分不同规格以米为单位计量	1. 基坑开挖、回填； 2. 敷设（含接续）
-b	接地扁钢（50mm×5mm）		m		
1112	专用工具		套	依据图纸所示，以套为单位计量	提交专用工具
1113	培训费				

续上表

子目号	子 目 名 称	项目特征	单位	工程量计量	工 程 内 容
1113-1	技术管理人员		人×周	按招标文件或合同的规定，结合实际工程需要，组织专家对相关人员进行操作、维护等方面培训学习的费用，以人×周计量	1. 培训教材、操作手册及相关资料提供； 2. 专家授课； 3. 组织笔试和现场操作考试； 4. 通过有关单位的认可
1113-2	技术操作人员		人×周		
1114	系统测试、联合调试及配合试运行费		总额	按招标文件或合同的规定，结合实际工程需要，组织专家及技术人员进行系统测试、联合调试及配合试运行的全部费用，以总额计量	1. 系统测试、联合调试、系统试运行、电缆试验等； 2. 编制并提交测试报告； 3. 通过供电部门的认可，具备供电条件，配合建设单位完善相关手续
1115	设备拆除		总额	依据图纸所示，根据拆除内容以总额为单位计量	1. 拆除设备、整理线缆； 2. 堆放至指定地点

第 1200 章　照 明 系 统

子目号	子 目 名 称	项目特征	单位	工程量计量	工 程 内 容
1201	沿线及服务管理站区				
1201-1	高杆照明设备				
-a	高杆照明设备，高度 H = 20m，LED 灯		套	依据图纸所示，分不同灯头数、功率，以套为单位计量	1. 按配置要求提供照明器、光源等全套设备和技术手册； 2. 灯杆、灯架、灯座、升降机构、配套机箱等制作安装； 3. 设备安装（含辅材、附属线缆、接地引下线等），设备调试； 4. 维护
-b	高杆照明设备，高度 H = 25m，LED 灯		套		
-c	高杆照明设备，高度 H = 30m，LED 灯		套		
-d	高杆照明设备，高度 H = 35m，LED 灯		套		
-e	高杆照明设备，高度 H = 25m，高压钠灯		套		
-f	高杆照明设备，高度 H = 30m，高压钠灯		套		
-g	高杆照明设备，高度 H = 35m，高压钠灯		套		
1201-2	中杆照明设备				
-a	中杆照明设备，单悬臂，高度 H = 10m，LED 灯		套	依据图纸所示，分不同功率以套为单位计量	1. 按配置要求提供照明器、光源等全套设备和技术手册； 2. 灯杆、灯架、灯座、配套机箱等制作安装； 3. 设备安装（含辅材、附属线缆、接地引下线等），设备调试； 4. 维护
-b	中杆照明设备，单悬臂，高度 H = 12m，LED 灯		套		
-c	中杆照明设备，单悬臂，高度 H = 13m，LED 灯		套		
-d	中杆照明设备，单悬臂，高度 H = 14m，LED 灯		套		
-e	中杆照明设备，单悬臂，高度 H = 15m，LED 灯		套		
-f	中杆照明设备，双悬臂，高度 H = 10m，LED 灯		套		
-g	中杆照明设备，双悬臂，高度 H = 12m，LED 灯		套		
-h	中杆照明设备，双悬臂，高度 H = 13m，LED 灯		套		
-i	中杆照明设备，双悬臂，高度 H = 14m，LED 灯		套		
1201-3	投光灯				

续上表

子目号	子 目 名 称	项目特征	单位	工程量计量	工 程 内 容
-a	投光灯，高度 H = 14m，LED 灯		套	依据图纸所示，分不同灯头数、功率，以套为单位计量	1. 按配置要求提供照明器、光源等全套设备和技术手册； 2. 灯杆、灯架、灯座、配套机箱等制作安装； 3. 设备安装（含辅材、附属线缆、接地引下线等），设备调试； 4. 维护
-b	投光灯，高度 H = 15m，LED 灯		套		
-c	投光灯，高度 H = 18m，LED 灯		套		
1201-4	护栏照明灯				
-a	LED 灯带		m	依据图纸所示，分不同功率以米为单位计量	1. 按配置要求提供装照明器、光源等全套设备和技术手册； 2. 灯具拼装、固定（含辅材及附属线缆）、调试； 3. 维护
-b	LED 灯		套	依据图纸所示，分不同功率以套为单位计量	1. 按配置要求提供照明器、光源等全套设备和技术手册； 2. 支架、配套机箱等制作安装； 3. 设备安装（含辅材、附属线缆、接地引下线等），设备调试； 4. 维护
1201-5	箱梁维修照明灯		套	依据图纸所示，分不同功率以套为单位计量	1. 按配置要求提供照明器、光源等全套设备和技术手册； 2. 灯具安装（含辅材及附属线缆）、调试； 3. 维护
1201-6	航空障碍灯		套	依据图纸所示，分不同参数以套为单位计量	1. 按配置要求提供照明器、光源等全套设备和技术手册； 2. 灯具安装（含辅材及附属线缆）、调试； 3. 维护
1201-7	配电箱				
-a	落地式配电箱		台	依据图纸所示，以台为单位计量	1. 按配置要求提交全套设备和技术手册； 2. 设备安装（含配件、辅材及附属线缆埋设），设备调试； 3. 配电箱基础； 4. 维护

续上表

子目号	子目名称	项目特征	单位	工程量计量	工程内容
-b	挂式配电箱		台	依据图纸所示，以台为单位计量	1.按配置要求提交全套设备和技术手册； 2.设备安装（含配件、辅材及附属线缆埋设），设备调试； 3.维护
1201-8	管道敷设电缆				
-a	VV电缆		m	依据图纸所示，分不同线缆规格、电压等级、截面，以米为单位计量（含预留长度及附加长度）	1.线缆敷设； 2.线缆接续和端接（含辅材）； 3.维护
-b	YJV电缆		m		
-c	VLV电缆		m		
-d	YJLV电缆		m		
1201-9	直埋敷设电缆				
-a	VV_{22}电缆		m	依据图纸所示，分不同线缆规格、电压等级、截面，以米为单位计量（含预留长度及附加长度）	1.电缆沟挖填、铺砂、盖保护板（砖）、混凝土保护、标桩埋设； 2.线缆敷设； 3.线缆接续和端接（含辅材）； 4.维护
-b	YJV_{22}电缆		m		
-c	VLV_{22}电缆		m		
-d	$YJLV_{22}$电缆		m		
1201-10	预埋管				
-a	预埋镀锌钢管		m	依据图纸所示，分不同孔数、管径、壁厚，以米为单位计量	1.管沟挖填； 2.垫层铺筑； 3.管道制作、敷设（含接续）； 4.管道包封
-b	预埋PVC管		m		
-c	预埋碳素管		m		
-d	分线箱		个	依据图纸所示，分不同规格以个为单位计量	1.按配置要求提交全套设备和技术手册； 2.设备安装（含配件、辅材及附属线缆埋设），设备调试； 3.维护
1201-11	明敷管				
-a	明敷镀锌钢管		m	依据图纸所示，分不同孔数、管径、壁厚，以米为单位计量	1.管道制作、敷设（含接续）； 2.管道抱箍或支架制作、安装； 3.混凝土保护
-b	分线箱		个	依据图纸所示，分不同规格以个为单位计量	1.按配置要求提交全套设备和技术手册； 2.设备安装（含配件、辅材及附属线缆埋设），设备调试； 3.维护

续上表

子目号	子 目 名 称	项目特征	单位	工程量计量	工 程 内 容
1201-12	非开挖敷设				
-a	顶管		m	依据图纸所示,分不同材质、孔数、管径,以米为单位计量	1. 顶进后座及坑内工作平台搭拆; 2. 顶进设备的安装、拆除; 3. 管道顶进
-b	水平定向钻		m	依据图纸所示,分不同材质、孔数、管径,以米为单位计量	1. 定位、成孔; 2. 设备安装、拆除; 3. 拉管、管道接口、监测
1201-13	电缆桥架				
-a	桥架		m	依据图纸所示,分不同材质、规格,以米为单位计量	1. 制作; 2. 安装; 3. 防腐除锈
-b	支架		kg	依据图纸所示,按支架质量以千克为单位计量	1. 制作; 2. 安装; 3. 防腐除锈
1201-14	圬工电缆沟				
-a	混凝土电缆沟		m	依据图纸所示,分不同规格以米为单位计量	1. 基坑开挖、基座处理、回填; 2. 管沟浇筑或盖板制作、安装(含钢筋及预埋件)
-b	砌体电缆沟		m	依据图纸所示,分不同规格以米为单位计量	1. 基坑开挖、基座处理、回填; 2. 管沟砌筑或盖板制作、安装(含钢筋及预埋件)
-c	电缆支架		kg	依据图纸所示,按支架质量以千克为单位计量	1. 制作; 2. 安装; 3. 防腐除锈
1201-15	基础				
-a	高杆灯基础				
-a-1	高度 $H=20\text{m}$ 高杆灯钢筋混凝土独立基础		套	依据图纸所示,以套为单位计量	1. 基坑开挖、回填; 2. 垫层铺筑; 3. 现浇混凝土的全部工作(含钢筋及预埋件、管道)
-a-2	高度 $H=25\text{m}$ 高杆灯钢筋混凝土独立基础		套		
-a-3	高度 $H=30\text{m}$ 高杆灯钢筋混凝土独立基础		套		
-a-4	高度 $H=35\text{m}$ 高杆灯钢筋混凝土独立基础		套		
-a-5	桩基础		套		

续上表

子目号	子目名称	项目特征	单位	工程量计量	工程内容
-b	中杆灯基础				
-b-1	高度 $H \leqslant 12m$ 中杆灯钢筋混凝土独立基础		套	依据图纸所示，以套为单位计量	1.基坑开挖、回填； 2.垫层铺筑； 3.现浇混凝土的全部工作（含钢筋及预埋件、管道）
-b-2	高度 $H > 12m$ 中杆灯钢筋混凝土独立基础		套		
-c	投光灯基础		套	依据图纸所示，以套为单位计量	1.基坑开挖、回填； 2.垫层铺筑； 3.现浇混凝土的全部工作（含钢筋及预埋件、管道）
1201-16	接地				
-a	接地极				
-a-1	角钢接地极		根	依据图纸所示，分不同接地极类型以根为单位计量	1.基坑开挖、回填； 2.敷设（含接续）； 3.投放降阻剂； 4.测试
-a-2	钢管接地极		根		
-b	接地扁钢				
-b-1	接地扁钢（40mm×4mm）		m	依据图纸所示，分不同规格以米为单位计量	1.基坑开挖、回填； 2.敷设（含接续）
-b-2	接地扁钢（50mm×5mm）		m		
1201-17	人（手）孔				
-a	混凝土结构				
-a-1	人孔		个	依据图纸所示，分不同规格以个为单位计量	1.基坑开挖、回填； 2.混凝土浇筑，井盖、盖板安装； 3.管道、支架、配件预留或预埋
-a-2	手孔		个		
-b	砌体结构				
-b-1	人孔		个	依据图纸所示，分不同规格以个为单位计量	1.基坑开挖、回填； 2.砌体砌筑，混凝土浇筑，井盖、盖板安装； 3.管道、支架、配件预留或预埋
-b-2	手孔		个		
1202	隧道				
1202-1	洞内照明				
-a	洞内照明，LED灯		套	依据图纸所示，分不同功率以套为单位计量	1.按配置要求提供设备和技术手册； 2.设备安装（含配件、辅材及附属线缆埋设、穿刺线夹等），设备调试； 3.维护
-b	洞内照明，高压钠灯		套		
-c	洞内照明，荧光灯		套		

续上表

子目号	子 目 名 称	项目特征	单位	工程量计量	工 程 内 容
1202-2	引道照明				
-a	引道照明设备,单悬臂,$H=9$m,LED 灯		套	依据图纸所示,分不同功率以套为单位计量	1. 按配置要求提供照明器、光源等全套设备和技术手册; 2. 灯杆、灯架、灯座、配套机箱等制作安装; 3. 设备安装(含辅材、附属线缆、接地引下线等),设备调试; 4. 维护
-b	引道照明设备,单悬臂,$H=10$m,LED 灯		套		
1202-3	配电箱				
-a	落地式配电箱		台	依据图纸所示,以台为单位计量	1. 按配置要求提交全套设备和技术手册; 2. 设备安装(含配件、辅材及附属线缆埋设),设备调试; 3. 配电箱基础; 4. 维护
-b	挂式配电箱		台	依据图纸所示,以台为单位计量	1. 按配置要求提交全套设备和技术手册; 2. 设备安装(含配件、辅材及附属线缆埋设),设备调试; 3. 箱门制作安装; 4. 维护
1202-4	照明控制				
-a	车行横洞照明控制箱		个	依据图纸所示,以个(面)为单位计量	1. 按配置要求提交全套设备及软件; 2. 设备及软件安装(含配件、辅材及附属线缆),设备调试; 3. 维护
-b	人行横洞照明控制箱		个		
-c	隧道照明控制器		个		
-d	隧道照明智能调光控制柜		面		
-e	协调器		个		
-f	单灯控制器		个		
-g	交换机		台	依据图纸所示,分不同参数以台为单位计量	1. 按配置要求提交全套设备和技术手册; 2. 设备安装(含配件、辅材及附属线缆),设备调试; 3. 维护
1202-5	支(桥)架敷设电缆				
-a	ZR-VV 电缆		m	依据图纸所示,分不同线缆规格、电压等级、截面,以米为单位计量(含预留长度及附加长度)	1. 线缆敷设; 2. 线缆接续和端接(含辅材); 3. 维护
-b	ZR-YJV 电缆		m		
-c	ZR-VLV 电缆		m		
-d	NH-VV 电缆		m		
-e	NH-YJV 电缆		m		
-f	NH-VLV 电缆		m		

续上表

子目号	子目名称	项目特征	单位	工程量计量	工程内容
1202-6	直埋敷设电缆				
-a	VV_{22}电缆		m	依据图纸所示，分不同线缆规格、电压等级、截面，以米为单位计量(含预留长度及附加长度)	1. 电缆沟挖填、铺砂、盖保护板(砖)、混凝土保护、标桩埋设； 2. 线缆敷设； 3. 线缆接续和端接(含辅材)； 4. 维护
-b	YJV_{22}电缆		m		
-c	VLV_{22}电缆		m		
-d	$YJLV_{22}$电缆		m		
1202-7	管道敷设电缆				
-a	ZR-VV 电缆		m	依据图纸所示，分不同线缆规格、电压等级、截面，以米为单位计量(含预留长度及附加长度)	1. 线缆敷设； 2. 线缆接续和端接(含辅材)； 3. 维护
-b	ZR-YJV 电缆		m		
-c	ZR-VLV 电缆		m		
-d	NH-VV 电缆		m		
-e	NH-YJV 电缆		m		
-f	NH-VLV 电缆		m		
1202-8	信号电缆		m	依据图纸所示，分不同线缆规格、截面，以长度计量(含预留长度及附加长度)	1. 线缆敷设； 2. 线缆接续和端接(含辅材)； 3. 维护
1202-9	网线		m	依据图纸所示，分不同网线规格以长度计量(含预留长度及附加长度)	1. 网线敷设； 2. 网线接续和端接(含辅材)； 3. 维护
1202-10	镀锌钢管				
-a	预埋镀锌钢管		m	依据图纸所示，分不同孔数、管径、壁厚，以米为单位计量	1. 管沟挖填； 2. 垫层铺筑； 3. 管道制作、敷设(含接续)； 4. 管道包封
-b	明敷镀锌钢管		m	依据图纸所示，分不同孔数、管径、壁厚，以米为单位计量	1. 管道制作、敷设(含接续)； 2. 管道抱箍或支架制作、安装； 3. 混凝土保护
-c	分线箱		个	依据图纸所示，分不同规格以个为单位计量	1. 按配置要求提交全套设备和技术手册； 2. 设备安装(含配件、辅材及附属线缆埋设)，设备调试； 3. 维护
1202-11	电缆桥架				

续上表

子目号	子 目 名 称	项目特征	单位	工程量计量	工 程 内 容
-a	桥架		m	依据图纸所示，分不同材质、规格，以米为单位计量	1. 制作； 2. 安装； 3. 防腐除锈
-b	支架		kg	依据图纸所示，按支架质量以千克为单位计量	1. 制作； 2. 安装； 3. 防腐除锈
1202-12	电缆沟支架		kg	依据图纸所示，按支架质量以千克为单位计量	1. 制作； 2. 安装； 3. 防腐除锈
1202-13	引道照明灯基础		套	依据图纸所示，以套为单位计量	1. 基坑开挖、回填； 2. 垫层铺筑； 3. 现浇混凝土的全部工作（含钢筋及预埋件、管道）
1202-14	接地				
-a	接地极				
-a-1	角钢接地极		根	依据图纸所示，分不同接地极材质、规格，以根为单位计量	1. 基坑开挖、回填； 2. 敷设（含接续）； 3. 投放降阻剂； 4. 测试
-a-2	钢管接地极		根		
-b	接地扁钢				
-b-1	接地扁钢（40mm×4mm）		m	依据图纸所示，分不同规格以米为单位计量	1. 基坑开挖、回填； 2. 敷设（含接续）
-b-2	接地扁钢（50mm×5mm）		m		
1202-15	人（手）孔				
-a	混凝土结构				
-a-1	人孔		个	依据图纸所示，分不同规格以个为单位计量	1. 基坑开挖、回填； 2. 混凝土浇筑，井盖、盖板安装； 3. 管道、支架、配件预留或预埋
-a-2	手孔		个		
-b	砌体结构				
-b-1	人孔		个	依据图纸所示，分不同规格以个为单位计量	1. 基坑开挖、回填； 2. 砌体砌筑，混凝土浇筑，井盖、盖板安装； 3. 管道、支架、配件预留或预埋
-b-2	手孔		个		
1203	专用工具		套	依据图纸所示，以套为单位计量	提交专用工具

续上表

子目号	子 目 名 称	项目特征	单位	工程量计量	工 程 内 容
1204	培训费				
1204-1	技术管理人员		人×周	按招标文件或合同的规定，结合实际工程需要，组织专家对相关人员进行操作、维护等方面培训学习的费用，以人×周计量	1. 培训教材、操作手册及相关资料提供； 2. 专家授课； 3. 组织笔试和现场操作考试； 4. 通过有关单位的认可
1204-2	技术操作人员		人×周		
1205	系统测试、联合调试及配合试运行费		总额	按招标文件或合同的规定，结合实际工程需要，组织专家及技术人员进行系统测试、联合调试及配合试运行的全部费用，以总额计量	1. 系统测试、联合调试、系统试运行、电缆试验等； 2. 编制并提交测试报告； 3. 通过有关单位的认可
1206	设备拆除		总额	依据图纸所示，根据拆除内容以总额为单位计量	1. 拆除设备、整理线缆； 2. 堆放至指定地点

第1300章　通风、消防系统

子目号	子目名称	项目特征	单位	工程量计量	工程内容
1301	通风系统				
1301-1	射流风机				
-a	隧道射流风机 15kW		台	依据图纸所示，分不同功率以台为单位计量	1. 按配置要求提供全套设备和技术手册； 2. 设备安装（含支架、配件、附材及附属线缆埋设），设备调试； 3. 维护
-b	隧道射流风机 22kW		台		
-c	隧道射流风机 30kW		台		
-d	隧道射流风机 37kW		台		
1301-2	轴流风机				
-a	隧道轴流风机 3kW		台	依据图纸所示，分不同功率以台为单位计量	1. 按配置要求提供全套设备和技术手册； 2. 设备安装（含支架、配件、附材及附属线缆埋设），设备调试； 3. 维护
-b	隧道轴流风机 7.5kW		台		
-c	隧道轴流风机 11kW		台		
-d	隧道轴流风机 18.5kW		台		
1301-3	风机拉拔试验		组	依据图纸所示，以组为单位计量	1. 技术和器具准备，检查接线； 2. 功能测试，试验； 3. 记录整理
1301-4	风机控制柜		台	依据图纸所示，以台为单位计量	1. 按配置要求提供全套设备（含软启动器）和技术手册； 2. 设备安装（含配件、基础、辅材及附属线缆埋设），设备调试； 3. 维护
1301-5	电力电缆				
-a	ZR-YJV 电缆		m	依据图纸所示，分不同线缆规格、电压等级、截面，以米为单位计量（含预留长度及附加长度）	1. 线缆敷设； 2. 线缆接续和端接（含辅材）； 3. 维护
-b	NH-YJV 电缆		m		
1301-6	地下风机房设施				
-a	风管		kg	依据图纸所示，按钢材质量以千克为单位计量	1. 风管制作安装； 2. 吊架（支架）制作安装； 3. 防腐除锈

续上表

子目号	子目名称	项目特征	单位	工程量计量	工程内容
-b	阀门				
-b-1	联动组合式多叶型钢制风阀		个	依据图纸所示,分不同规格以个为单位计量	1. 按配置要求提供全套设备和技术手册; 2. 吊架(支架)制作安装; 3. 设备安装(含配件、附材及附属线缆埋设),设备调试; 4. 维护
-b-2	组合式多叶型钢制风阀		个		
-b-3	电动风阀		个		
-b-4	防火阀		个		
-c	金属外壳片式消声器		台	依据图纸所示,分不同规格以台为单位计量	1. 吊架(支架)制作安装; 2. 安装(含配件); 3. 防腐除锈
-d	静压箱		个	依据图纸所示,分不同截面以个为单位计量	1. 吊架(支架)制作安装; 2. 安装(含配件); 3. 防腐除锈
-e	除湿机		台	依据图纸所示,分不同除湿量以台为单位计量	1. 按配置要求提供全套设备和技术手册; 2. 设备安装(含配件、支架、附材及附属线缆埋设),设备调试; 3. 维护
-f	多联机		台	依据图纸所示,分不同制冷量、功率,以台为单位计量	1. 按配置要求提供全套设备和技术手册; 2. 设备安装(含配件、支架、附材及附属线缆埋设),设备调试; 3. 维护
-g	风口				
-g-1	双层百叶风口		个	依据图纸所示,分不同尺寸以个为单位计量	安装(含配件、支架)
-g-2	单层百叶风口		个		
-h	风机机房维修通道		kg	依据图纸所示,按钢材质量以千克为单位计量	1. 制作; 2. 安装; 3. 防腐除锈
-i	配电箱		台	依据图纸所示,以台为单位计量	1. 按配置要求提交全套设备和技术手册; 2. 设备安装(含配件、辅材及附属线缆埋设),设备调试; 3. 箱门制作安装; 4. 维护

续上表

子目号	子 目 名 称	项目特征	单位	工程量计量	工 程 内 容
-j	供电电缆		m	依据图纸所示,分不同线缆规格、电压等级、截面,以米为单位计量(含预留长度及附加长度)	1. 线缆敷设; 2. 线缆接续和端接(含辅材); 3. 维护
-k	信号电缆		m	依据图纸所示,分不同线缆规格、截面,以长度计量(含预留长度及附加长度)	1. 线缆敷设; 2. 线缆接续和端接(含辅材); 3. 维护
1302	隧道内消防				
1302-1	灭火器消防箱				
-a	箱体		个	依据图纸所示,分不同设备箱规格尺寸以个为单位计量	按配置要求提供箱体与箱门,并安装
-b	手提式干粉灭火器		具	依据图纸所示,分不同规格以具为单位计量	按配置要求提供灭火器
1302-2	火探管式自动探火灭火装置		套	依据图纸所示,分不同规格以套为单位计量	1. 按配置要求提供并安装,一般包括灭火剂、压力容器、控制阀、火探管、终端压力表、终端压力止回阀及相关管件; 2. 调试、维护
1302-3	推车式灭火器		具	依据图纸所示,分不同规格以具为单位计量	按配置要求提供灭火器
1302-4	消火栓箱				
-a	箱体		个	依据图纸所示,分不同设备箱规格尺寸、材质,以个为单位计量	按配置要求提供箱体与箱门,并安装
-b	固定式水成膜泡沫灭火装置		套	依据图纸所示,分不同型号以套为单位计量	1. 按配置要求提交固定式水成膜泡沫灭火装置; 2. 安装(含配件)、调试; 3. 维护
-c	单管双头带减压消火栓		套	依据图纸所示,分不同型号以套为单位计量	1. 按配置要求提交消火栓; 2. 安装(含配件)、调试; 3. 维护

续上表

子目号	子目名称	项目特征	单位	工程量计量	工程内容
-d	手提式干粉灭火器		具	依据图纸所示，分不同规格以具为单位计量	按配置要求提供灭火器
-e	地上式消火栓		套	依据图纸所示，分不同型号以套为单位计量	1. 按配置要求提交消火栓； 2. 安装（含配件）、调试； 3. 维护
1302-5	镀锌无缝钢管				
-a	DN200		m	依据图纸所示，分不同管径以米为单位计量	1. 管道及管件、卡箍安装，套管（含防水套管）制作安装； 2. 除锈、防腐； 3. 水压实验； 4. 管道吹扫； 5. 管道标识； 6. 调试、维护
-b	DN150		m		
-c	DN80		m		
-d	DN65		m		
1302-6	镀锌焊接钢管				
-a	DN200		m	依据图纸所示，分不同管径以米为单位计量	1. 管道及管件、卡箍安装，套管（含防水套管）制作安装； 2. 除锈、防腐； 3. 水压实验； 4. 管道吹扫； 5. 管道标识； 6. 调试、维护
-b	DN150		m		
-c	DN80		m		
-d	DN65		m		
1302-7	管道伸缩器		组	依据图纸所示，分不同规格尺寸、公称压力，以组为单位计量	1. 安装（含法兰盘等连接配件）； 2. 调试、维护
1302-8	Y型过滤器		组	依据图纸所示，分不同规格尺寸、公称压力，以组为单位计量	1. 安装（含法兰盘等连接配件）； 2. 调试、维护
1302-9	阀门				
-a	闸阀		个	依据图纸所示，分不同规格尺寸以个为单位计量	1. 安装（含法兰盘等连接配件）； 2. 调试、维护
-b	蝶阀		个		
-c	减压阀		个		
-d	排气阀		个		
-e	排水阀		个		
1302-10	压力表		个	依据图纸所示，分不同公称压力以个为单位计量	1. 安装（含法兰盘等连接配件）； 2. 调试、维护

续上表

子目号	子 目 名 称	项目特征	单位	工程量计量	工 程 内 容
1302-11	管道支架及抱箍		kg	依据图纸所示，按管道支架钢材、抱箍钢材的质量，以千克为单位计量	1. 制作； 2. 安装； 3. 防腐处理
1302-12	保温材料				
-a	聚氨酯保温		m^3	依据图纸所示，分不同保温材料类型以立方米为单位计量	1. 制作； 2. 安装
-b	橡塑保温		m^3		
1302-13	保温层的保护层				
-a	玻璃丝布		m^2	依据图纸所示，分不同保护层材料规格以平方米为单位计量	1. 材料制备； 2. 包裹； 3. 接口处理
-b	镀锌薄铁皮		m^2		
-c	四油三布		m^2		
1302-14	洞室门				
-a	阀门洞室门		个	依据图纸所示，分不同洞室门材质、规格尺寸，以个为单位计量	1. 制作； 2. 安装
-b	地上式给水栓洞室门		个	依据图纸所示，分不同洞室门材质、规格尺寸，以个为单位计量	1. 制作； 2. 安装
1302-15	电伴热保温				
-a	发热电缆		m	依据图纸所示，分不同线缆规格、电压等级、截面，以米为单位计量（含预留长度及附加长度）	1. 线缆敷设； 2. 线缆接续和端接（含辅材）； 3. 维护
-b	供电电缆		m		
-c	控制电缆		m		
-d	温度传感器		个	依据图纸所示，以个为单位计量	1. 安装； 2. 维护
-e	控制箱		台	依据图纸所示，以台为单位计量	1. 按配置要求提交全套设备和技术手册； 2. 设备安装（含相应配件、辅材及附属线缆），调试； 3. 基础制作安装； 4. 维护
-f	分线箱		个	依据图纸所示，分不同分线箱规格、用途，以个为单位计量	1. 安装； 2. 防腐、防水处理
1302-16	防火门控制箱				

续上表

子目号	子 目 名 称	项目特征	单位	工程量计量	工 程 内 容
-a	控制箱		台	依据图纸所示,以台为单位计量	1.按配置要求提交全套设备和技术手册; 2.设备安装(含相应配件、辅材及附属线缆),调试; 3.基础制作安装; 4.维护
-b	供电电缆		m	依据图纸所示,分不同线缆规格、电压等级、截面,以米为单位计量(含预留长度及附加长度)	1.线缆敷设; 2.线缆接续和端接(含辅材); 3.维护
-c	控制电缆		m		
1303	隧道外消防				
1303-1	镀锌无缝钢管				
-a	DN200		m	依据图纸所示,分不同管径以米为单位计量	1.管道及管件、卡箍安装,套管(含防水套管)制作、安装; 2.除锈、防腐; 3.水压实验; 4.吹扫; 5.管道标识; 6.调试、维护
-b	DN150		m		
-c	DN100		m		
-d	DN80		m		
1303-2	镀锌焊接钢管				
-a	DN200		m	依据图纸所示,分不同管径以米为单位计量	1.管道及管件、卡箍安装,套管(含防水套管)制作、安装; 2.除锈、防腐; 3.水压实验; 4.吹扫; 5.管道标识; 6.调试、维护
-b	DN150		m		
-c	DN100		m		
-d	DN80		m		
1303-3	Y型过滤器		组	依据图纸所示,分不同规格尺寸、公称压力,以组为单位计量	1.安装(含法兰盘等连接配件); 2.调试、维护
1303-4	阀门				
-a	闸阀		个	依据图纸所示,分不同规格尺寸以个为单位计量	1.安装(含法兰盘等连接配件); 2.调试、维护
-b	蝶阀		个		
-c	安全阀		个		
-d	止回阀		个		
-e	排泥阀		个		
-f	泄水阀		个		
-g	排气阀		个		

续上表

子目号	子 目 名 称	项目特征	单位	工程量计量	工 程 内 容
1303-5	水泵接合器		套	依据图纸所示，分不同型号以套为单位计量	1. 按配置要求提交水泵接合器； 2. 安装（含配件）、调试； 3. 维护
1303-6	地上式消火栓		套	依据图纸所示，分不同型号以套为单位计量	1. 按配置要求提交消火栓； 2. 安装（含配件）、调试； 3. 维护
1303-7	管沟挖填				
-a	土方		m^3	依据图纸所示，以立方米为单位计量	1. 挖、装、运、弃置； 2. 填料分理、压实； 3. 施工排水； 4. 工作面整理
-b	石方		m^3	依据图纸所示，以立方米为单位计量	1. 石方爆破或凿除； 2. 挖、装、运、弃置； 3. 填料分理、压实； 4. 施工排水； 5. 工作面整理
1303-8	管道支墩钢筋混凝土		m^3	依据图纸所示，分不同管道支墩（垫层）混凝土强度等级以混凝土体积立方米为单位计量	1. 基础开挖和回填； 2. 安拆模板、制安预埋件； 3. 混凝土拌和、运输、浇筑、养护； 4. 钢筋制作、安装、除锈； 5. 防水、防冻措施
1303-9	管道支架及抱箍		kg	依据图纸所示，按管道支架钢材、抱箍钢材的质量，以千克为单位计量	1. 制作； 2. 安装； 3. 防腐处理
1303-10	保温材料				
-a	聚氨酯保温		m^3	依据图纸所示，分不同保温材料类型以立方米为单位计量	1. 制作； 2. 安装
-b	橡塑保温		m^3		
1303-11	保温层的保护层				
-a	玻璃丝布		m^2	依据图纸所示，分不同保护层材料规格以平方米为单位计量	1. 材料制备； 2. 包裹； 3. 接口处理
-b	镀锌薄铁皮		m^2		
-c	四油三布		m^2		
1303-12	阀门井				

续上表

子目号	子 目 名 称	项目特征	单位	工程量计量	工 程 内 容
-a	混凝土阀门井		个	按设计图所选图集，分不同阀门井规格尺寸以个为单位计量	1. 基底夯实； 2. 垫层铺设； 3. 混凝土浇筑或砌体砌筑； 4. 铁件制作安装； 5. 勾缝、抹面； 6. 防腐； 7. 井盖、井座制作、安装
-b	砖砌阀门井		个		
1303-13	高位水池				
-a	300m³		座	按设计图所选图集，分不同容量以座为单位计量	1. 挖填土石方； 2. 垫层铺设； 3. 混凝土浇筑； 4. 圬工砌筑； 5. 铁件制作安装、管道管件制作安装、套管制作安装； 6. 勾缝、抹面； 7. 防水、防腐； 8. 井盖、井座、通风帽等所有构配件制作、安装
-b	400m³		座		
1303-14	低位水池				
-a	300m³		座	按设计图所选图集，分不同容量以座为单位计量	1. 挖填土石方； 2. 垫层铺设； 3. 混凝土浇筑； 4. 圬工砌筑； 5. 铁件制作安装、管道管件制作安装、套管制作安装； 6. 勾缝、抹面； 7. 防水、防腐； 8. 井盖、井座、通风帽等所有构配件制作、安装
-b	400m³		座		
1303-15	高位水池检修便道		m	依据图纸所示，分不同路面宽度、结构层类型，以米为单位计量	1. 挖填路基； 2. 基底处理； 3. 铺筑基层； 4. 铺筑面层； 5. 栏杆制作安装
1303-16	深水井		m	满足设计出水量，按井深以米为单位计量	1. 物探； 2. 钻机就位； 3. 钻孔； 4. 换浆； 5. 下护壁管； 6. 填粒料； 7. 洗井； 8. 安装取水管、电缆； 9. 调试、维护

续上表

子目号	子 目 名 称	项目特征	单位	工程量计量	工 程 内 容
1303-17	深井泵室		座	依据图纸所示，以座为单位计量	1. 挖填土石方； 2. 垫层铺设； 3. 混凝土浇筑或砌体砌筑； 4. 铁件制作安装； 5. 勾缝、抹面； 6. 防腐； 7. 井盖、井座制作、安装； 8. 维护
1304	水泵及泵房附属				
1304-1	水泵及附件				
-a	清水离心泵		台	依据图纸所示，分不同流量、扬程、功率，以台为单位计量	1. 按配置要求提供水泵； 2. 设备安装（含相应配件、辅材及附属线缆埋设），拆装检查，调试； 3. 维护
-b	潜水泵		台		
-c	排污泵		台		
-d	深井泵		台		
1304-2	软接头				
-a	不锈钢软接头		个	依据图纸所示，分不同软接头材质、规格尺寸，以个为单位计量	1. 安装（含法兰盘等连接配件）； 2. 维护
-b	橡胶软接头		个		
1304-3	控制柜（箱）				
-a	消防水泵控制柜		套	依据图纸所示，分不同控制柜（箱）类型以套为单位计量	1. 按配置要求提供设备（含软起动器等）； 2. 安装（含辅材及配件）、调试； 3. 维护
-b	排污泵控制柜		套		
-c	深井泵控制柜		套		
-d	水位控制箱		套		
1304-4	双电源切换配电箱		套	依据图纸所示，以套为单位计量	1. 按配置要求提供设备； 2. 安装（含辅材及配件）、调试； 3. 维护
1304-5	供电电缆		m	依据图纸所示，分不同线缆规格、电压等级、截面，以米为单位计量（含预留长度及附加长度）	1. 线缆敷设； 2. 线缆接续和端接（含辅材）； 3. 维护
1304-6	控制电缆		m		
1304-7	电缆套管		m	依据图纸所示，分不同材质、规格，以米为单位计量	管道制作、敷设（含接续）
1304-8	压力表		个	依据图纸所示，分不同压力表公称压力以个为单位计量	1. 安装（含法兰盘等连接配件）； 2. 调试、维护

续上表

子目号	子 目 名 称	项目特征	单位	工程量计量	工 程 内 容
1305	接地				
1305-1	接地极				
-a	角钢接地极		根	依据图纸所示,分不同接地极类型以根为单位计量	1. 基坑开挖、回填; 2. 敷设(含接续); 3. 投放降阻剂; 4. 测试
-b	钢管接地极		根		
1305-2	接地扁钢				
-a	接地扁钢(40mm×4mm)		m	依据图纸所示,分不同规格以米为单位计量	1. 基坑开挖、回填; 2. 敷设(含接续)
-b	接地扁钢(50mm×5mm)		m		
1306	系统测试、联合调试及配合试运行费				
1306-1	通风系统		总额	按招标文件或合同的规定,结合实际工程需要,组织专家及技术人员进行系统测试、联合调试及配合试运行的全部费用,以总额计量	1. 系统测试、联合调试、系统试运行、电缆试验等; 2. 编制并提交测试报告; 3. 通过有关单位的认可
1306-2	消防系统		总额	按招标文件或合同的规定,结合实际工程需要,组织专家及技术人员进行系统测试、联合调试及配合试运行的全部费用,以总额计量	1. 系统测试、联合调试、系统试运行、电缆试验等; 2. 编制并提交测试报告; 3. 通过有关单位的认可
1307	设备拆除		总额	依据图纸所示,根据拆除内容以总额为单位计量	1. 拆除设备、整理线缆; 2. 堆放至指定地点